DUDONG QUKUAILIAN

读懂区块链

何宝宏◎主编

中共中央党校出版社

图书在版编目（CIP）数据

读懂区块链/何宝宏主编．--北京：中共中央党校出版社，2020.5（2020.10重印）

ISBN 978-7-5035-6799-5

Ⅰ.①读… Ⅱ.①何… Ⅲ.①电子商务-支付方式-研究 Ⅳ.①F713.361.3

中国版本图书馆 CIP 数据核字（2020）第 084929 号

读懂区块链

责任编辑 蔡锐华 刘金敏
版式设计 苏彩红
责任印制 陈梦楠
责任校对 马 晶
出版发行 中共中央党校出版社
地　　址 北京市海淀区长春桥路 6 号
电　　话 （010）68922815（总编室）　（010）68922233（发行部）
传　　真 （010）68922814
经　　销 全国新华书店
印　　刷 中煤（北京）印务有限公司
开　　本 700 毫米×1000 毫米 1/16
字　　数 221 千字
印　　张 14.75
版　　次 2020 年 5 月第 1 版　2020 年 10 月第 2 次印刷
定　　价 46.00 元

网　　址： www.dxcbs.net　**邮　　箱：** zydxcbs2018@163.com
微 信 ID： 中共中央党校出版社　**新浪微博：** @党校出版社

序　言

刘　多

当前，数据正在成为21世纪的“石油”，以数据生产要素为基础，以云计算、大数据、人工智能、区块链等为代表的前沿信息技术发展日新月异，形成群体性跨越，成为新一轮科技革命的核心技术，在与多领域交叉融合中不断创新，正在以前所未有的速度推动传统经济向数字经济迈进，驱动着人类社会加速创新发展。

习近平总书记指出：“世界正在进入以信息产业为主导的经济发展时期。我们要把握数字化、网络化、智能化融合发展的契机，以信息化、智能化为杠杆培育新动能。”这一重要论述是对当今世界信息技术的主导作用、发展态势的准确把握，是对利用信息技术推动国家创新发展的重要部署。

“明者见于无形，智者虑于未萌。”近年来，党中央在信息技术领域加速布局，十九届中央政治局先后就大数据、人工智能、区块链进行了集体学习。习近平总书记指出，各级领导干部要加强学习，懂得大数据，用好大数据，增强利用数据推进各项工作的本领，不断提高对大数据发展规律的把握能力。

以数据为核心生产要素的数字经济近年来在我国得到了快速发展，中国信息通信研究院发布的《中国数字经济发展与就业白皮书（2020

年)》指出，这几年中国数字经济持续快速发展，2019年我国数字经济规模达到35.8万亿元，增长15.6%，占GDP比重为36.2%。党员领导干部紧跟时代潮流，学习了解新一代信息技术，是落实习近平总书记关于加强学习、建设学习大国重要指示精神，推进学习型政党和学习型社会建设的重要手段。尤其是在发展数字经济的征途上，知前沿科技、懂前沿科技、用前沿科技的能力，越来越成为党员领导干部的一项必备素质。

中国信息通信研究院致力于建设“国家高端专业智库、行业发展创新平台”，近几年在数字经济、5G、大数据、人工智能、区块链、工业互联网、云计算、数据中心、互联网健康和金融科技等前沿领域持续加大投入，在支撑国家战略和服务产业发展等方面取得了积极成果。为帮助各级党员领导干部提高驾驭新一代信息科技的能力，中国信息通信研究院依托自身研究积累，与中共中央党校出版社联合，组织核心研究人员，为党员领导干部编写了这套新一代信息技术系列丛书。

为贯彻落实党中央相关决策部署，顺应新一代信息技术产业发展趋势，结合党员领导干部学习新一代信息技术的需要，我们坚持前瞻性、实用性和普及性的原则，第一批重点选取了当下党员领导干部亟须了解和学习的领域进行了详细介绍，包括新型基础建设、区块链、政务云、金融科技等热点行业领域，接下来计划出版更多能够帮助党员领导干部提升治理能力和治理水平的科技书籍。我们力图用深入浅出的语言、准确权威的数据和鲜活生动的案例，为党员领导干部读懂用好新技术提供一套解决方案。

进入新时代，如果不加强理论武装、加快知识更新、优化知识结构、拓宽眼界和视野，就无法赢得主动、赢得优势、赢得未来。我们相信，了解这些技术和应用，对于领导干部来说有着重要的价值，希望各级领导干部通过本书可以了解技术发展趋势和应用场景，特别是了解一个个鲜活实践的案例，从而对未来工作的开展起到推动作用。

展望未来，以习近平同志为核心的党中央作出一个重大判断：世界处于百年未有之大变局。信息技术创新日新月异，人类社会进入数字化时代，数字经济方兴未艾，领导干部如果能应用好信息技术，将能抓住全面繁荣数字经济的重要战略机遇期，提升现代化治理水平。我国更应准确把握时代发展大势，明确历史方位和发展方向，加强统筹谋划，借鉴国际经验，发挥大国大市场优势，保持战略定力，增强发展动力，继续深化改革，努力开拓新一代信息技术和数字经济发展的新局面。

（序言作者系中国信息通信研究院院长）

2020 年 5 月

目 录 CONTENTS

第二篇 应用篇

第三篇　管理篇

第一篇

认识篇

一、从贝壳到区块链——人类记录方式的变迁

历史上，人类曾使用石头、泥板、龟壳、竹简和纸张等来绘画和记录。已发现的第一个蚀刻图案，来自于 50 万年前印度尼西亚的一个蛤蜊壳上。2018 年《自然》杂志发表了一篇文章，详细介绍了一块来自 73000 年前的、用赭石画了 9 条红线的石头。1929 年，考古学家在美索不达米亚的乌鲁克（Uruk），即今天的伊拉克境内，发现了一块 5000 年前的巨大黏土泥板，上面写满了楔式文字，充当“会计”角色的人，在这块黏土片上用简化了的符号，“对应计数”地记录了绵羊、谷物和蜂蜜罐的使用情况，这可能是世上最早的账本。

到公元前五世纪左右，奴隶社会不断发展，经济日渐繁荣，需要记录的账目愈加繁多，因此，出现了专门的会计职业（中国在西周时期便有了负责官府政绩考核、赋税征收和开支调节的“司会”一职）。[①]

图 1　人类记录方式的演变

① 刘燕：《从结绳记事到分布式记账——区块链技术的发展对金融行业以及商业银行财务会计事务的影响》，《金融会计》2019 年第 4 期。

东汉以前，重要典籍都是用简牍或缣帛作书写材料，简牍体大笨重，缣帛价格昂贵，都非常不方便。当时民间已有一些麻纸在流传，但工艺还不成熟，产量很低，但其低廉的造价却让蔡伦看到了纸张取代简牍、缣帛的前景。蔡伦潜心研究造纸术，重新设计了造纸工艺，用树皮、麻头、废旧的麻布和渔网等作为原料，造出了优质并适于书写的植物纤维纸。自此，人类进入以纸张为基础的文明时代。

纸是人类最为倚重的传统知识载体，人类通过纸上记录的文字来探索历史和传承文明，纸的发明为人类精神领域的延伸提供了媒介。同时，纸张也是货币的载体。相比金属货币，纸币的制作成本低，更易于保管、携带和运输，避免了铸币在流通中的磨损。到目前为止，纸币仍旧是世界各国普遍使用的货币。

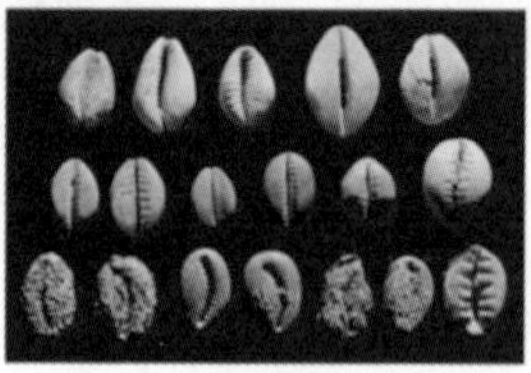

图 2　货币的演变

正如萧伯纳所说："造纸一事，尤为重要，即谓欧洲文艺复兴之得力于此，亦不为过也。"纸在人类文明的发展历程中扮演着重要的角色，文化和传播、战争和征服、制度和法律、竞争和贸易都与纸有着密不可分的联系。

1983 年 3 月 10 日的美国《芝加哥论坛报》称"造纸术可与美国把人送上月球相提并论"。苏联学者苏赫曼在《造纸学》一书中说得更明确："中国蔡伦在一千八百年前发明了纸，其他任何发明对文化发展的促进，都不能和纸相提并论。"

进入 21 世纪，随着个人计算机的普及和信息通信技术的发展，记录与记账手段变得更加丰富和便利。在记录方面，大数据时代的到来和网络技术的飞跃，使人们之间的各种交往和交易频度骤增，产生了巨量的信息和数据。在记账方面，企业开始广泛采用 ERP 和 CRM 等系统进行会计账目的管理，大大提高了企业财务会计和管理会计的效率。

数字化记账技术逐步取代纸张，在带来了灵活性、易修正和易传播等优势的同时，也带来了更容易篡改甚至不会留痕的问题。导致这一问题的关键原因有两个：一是目前的数据库工具，都是集中式记录方式；二是数据的权属往往并没有掌握在用户的手中，而是掌握在数据的记录者手里。

从技术上看，这种集中式的数据保存方式存在天然的脆弱性，比如在遇到重大灾难时容易产生单点故障。从权属关系上看，在互联网时代，数据的所有者（用户）往往和数据的记录者（服务商）是分离的，在这种模式下，数据所有者（用户）的权利难以得到保障。

集中式的数据记录者可随意修改数据，这就导致各种数据鱼龙混杂，数据隐私泄露严重，数据的真实性、可靠性难以保障，滋生了网络诈骗、信用危机和交易恐慌等不良现象。互联网虚假信息泛滥成灾，使得确保数据真实、严防数据泄露、建立不可篡改的数字技术成为当今数字世界亟待解决的重大技术问题。

与此同时，人们在现实生活中，为了解决在各种交易中人与人之间的信任问题，设立了各种各样的信任中介或中心机构，并通过它们来完成数据的确认、验证和信用背书。银行、房管局、公安派出所、交管所、公证处等机构，就是传统的第三方信用机构，人们只有在这些机构中存有数据记录，才能在线转账、证明身份、交易资产。

随着经济社会的不断发展，信用构建的场景越来越多。实际上，大型的互联网公司往往扮演着数字世界的中心节点和信息服务平台的角色，它们也是信任中介的体现。但是，用户在享受网络服务的同时，个人信息及隐私泄露却极其严重，数据所有者（用户）的权利难以得到保障。例如，2018 年 3 月 17 日，《纽约时报》《卫报》和《观察者报》曝光了一家名为“剑桥分析”的数据分析公司窃取并私自保存了 5000 万脸书（Facebook）用户的数据，脸书公司默许了这家公司利用不正当手段抓取和使用用户信息以操纵总统大选的行为。

个人信息及数据是数字时代的“石油”，在数据开发商业价值的驱动下，信息的挖掘、使用与交易已形成非法商业链条，个人信息的售卖与购买变得非常容易，这些风险对个人信息的保护都构成了严峻挑战。用户的浏览历史、位置信息、网页浏览习惯、阅读习惯、休闲爱好、信用信息等被盗用与使用的程度都远远超过我们的想象。

在上述两个大背景下，人们非常渴望产生一种可信、安全的交易及信息记录方式。于是，“通过一套技术方案建立起基于信任的点对点的交易网络，不设中心机构，取消第三方认证”的构想就产生了。

满足这种设想的技术，就是区块链技术。其普惠的目的可理解为：规避第三方信用风险，降低信用建立的成本，缩短交易流程，提升信息可信水平，从而给交易方式、商业模式和传统行业带来全新的变革。

二、信任机器，区块链的核心价值

（一）熟人社会的人际信任

信任是社会秩序的基础，缺少信任，任何社会关系都不可能持久存在。信任能增强社会成员的向心力，降低社会运行成本、提高效率，同时，信任也是稳定社会关系的基本因素。社会学家尼克拉斯·卢曼（Niklas Luhmann）把信任分为人际信任与制度信任。

传统社会以熟人社区为基本单位，其信任关系主要是基于人际关系的人格信任，因而传统社会的规模一般较小，难以形成大规模的协作体系。剑桥大学人类学教授邓巴在世界各地长期对村落社会进行调查之后提出“150 法则”，即从狩猎采集社会的典型组织单位“游团”（比如非洲西南部卡拉哈里沙漠的桑人）到从事游耕农业的半定居社会（比如缅甸克钦邦的山区游耕群落），人数大多不会超过 150 人。在这种小型熟人社会中，居民基于血缘、地缘关系建立起人格信任，进行社会交往与经济互动。[①]

人际信任以血缘社区为基础，建立在私人关系和家庭或准家族的关系之上，其基础是经验性的“道德人格”并以熟人社会的舆论来维护，任何一个人做了一件有利或有损于社区利益的事情，均会被社区成员记录且口耳相传，通过集体记忆保留在社区中。

---

① 张毅、朱艺：《基于区块链技术的系统信任：一种信任决策分析框架》，《电子政务》2019 年第 8 期。

图 3　人际信任是一切信任的基础

人际信任是一切信任的基础，是主观化、人格化的信任。人际信任的特性是具体的，缺乏普遍性，信任感及信任程度依对象的变化而变化。同时，人际信任的范围也极为有限且需要大量的时间进行培育，但人际信任的内容和灵活度却是最高的。

基于人际关系的信任可以维持小范围的社群高效运转，但随着社会的进步，人类不断面临更大规模、更加广泛的相互协作，以农业为基础的“熟人社会”必然要转化为以工业大生产为基础的“陌生人社会”。

（二）工业社会的制度信任

随着历史的发展，工业社会以一种不可阻挡的趋势出现了。不同于传统农业社会中相对简单的人际关系，工业社会形成的以工厂为核心的大生产模式催生了以“陌生人”为核心的社会体系。相对于传统社会通过各种非正式规范与宗族消减利益纠纷，工业社会的复杂性给组织形式和信任机制提出了巨大挑战。于是，“工业大生产”陌生人社会的运转召唤着一种更大范围的信任和协调机制——制度信任。

图 4 工业时代带来了新的组织方式

从广义上来说，制度是指在特定社会范围内统一的、用以调节人与人之间社会关系的一系列习惯、道德、法律、规章等的总和，它既包括国家强制规定的正式约束，也包括社会生活中形成的非正式约束。

制度信任主要有以下几个特点：第一，指导性，即制度为社会成员提供了何种行为合理、何种行为不合理的指导；第二，强制性，即制度具有执行上的强制性，对不遵守共同规则的社会成员进行惩罚；第三，稳定性，尽管制度随着社会环境的变化也会相应地演化，但是它在相当长的时期内具有相对的稳定性。①

因此，制度信任不以关系和人情为基础，而是以正式的规章、制度和法律为保障，如果当事人未按规章制度和法律条文行事，则会受到惩罚。制度信任是一种不以人的意志为转移的社会选择。违法必罚的法律逻辑所形成的

① 张毅、朱艺：《基于区块链技术的系统信任：一种信任决策分析框架》，《电子政务》2019 年第 8 期。

稳定行为预期，是人们产生制度信任的基础。制度信任主导是现代社会运行的基本准则。

相比于人际信任，制度信任把人与人的信任转化为人与制度的信任。因此，制度信任是一种客观的、普遍的、抽象的、确定的、公共性的信任机制，是以实在法规范和审判制度为保障的信用（credit）体系。简单说，制度信任是不依靠具体人的信任，在制度信任的框架下，双方无须有真正意义上的“人际信任”，却可以依靠共同的制度信任保证互相行为在预期中完成。从历史上看，制度信任的出现极大地扩展了人类社会的信任范围，陌生人间只需信任共同的“制度”便可完成信用活动。但制度信任需要建立社会契约和立法的过程，而其范围是制度约束和订立的人群内，信任内容则包含了制度所明文制定的内容。

虽然制度的强制性可以降低社会生活的不确定性，约束人们的行为，但即便是最完善的制度也有不适用的时间或空间，制度的有效运转仍然依赖于人们对这个制度本身要具备最小的信任，即对制度的“最小信任”，否则制度就难以被履行。由于现实社会中的制度从其设计到实施的过程中或多或少存在不完善之处，制度信任模式在现代社会中仍有不能覆盖之处和较高的运营成本。

（三）数字社会的机器信任

2015 年 10 月，《经济学人》杂志刊登了题为《区块链：信任的机器》的文章，将区块链视为一种产生信任的机器。区块链技术通过加密算法、时间戳、共识机制等复杂算法实现公开透明的信息传播、信息可追溯和难篡改等特性，能够为社会成员带来有利的内部因素和外部环境，激发信任的产生。

区块链的信任是一种人类信任协作的新形态，是制度信任在数字时代的进化，它有着最为广泛的信任范围和更低成本的信任建立机制。正如宾夕法尼亚大学教授凯文·韦巴赫在其论述区块链信任的专著中所述：“为所有的使用者提供最为一般化的信任（信用）服务是区块链最为核心的价值。”

区块链信任的基础在于各方在平权、分散的网络中独立记账和验证过程，各个参与者在多方持有、多方维护的公共账本上独立记录和验证每一笔交易及合约。在共识机制的作用下，每一个网络参与者都有可能成为会计（记账人），而在交易验证的机制下，每一个网络（全节点）都是审计人。因此，区块链是一个共同记账、共同审计的网络。共识机制保证了记账的随机性、分散性、不可伪造性，交易确认验证保证了记账的合法性。

图 5　信任机制的发展历程

因此，区块链信任也是一种信任中介，它把人与人的信任转化为人与机器的信任。进一步说，区块链是将抽象的社会制度信任规则转化为机器语言书写的、自动执行的规则。

对于区块链的使用者来说，他无须信任任何具体参与这个网络生态的成员，就可以完成对于记账和合约计算的信任。只要区块链系统健康运行，非法和无效的交易就无法通过共同记账、全球审计的共识确认过程，因此也就不存在违约和失信的情况。但是目前来看，区块链信任的使用场景仍较为有限，仅能应用在纯粹记账和封闭性合约的领域中，灵活度较低。

总的来说，区块链信任创造性地扩大了信任的范围，降低了信任的成本，进一步推动了人类信任客观化的进程，为更大范围内的全球一体化协作开辟了新的可能。在未来的发展中，区块链信任可能与制度信任互为补充，建设更为普遍和高效的全球信任体系。

然而，这里必须要阐明的是，信任是有锚点的，任何信任都有“信任之母”。区块链技术所建立的不是“信任的消失”，而是将传统对人、制度的信任转化为一种对于机器、算法和系统的信任。区块链在让传统中心化的第三方下岗的同时，自己却上岗了。而一个应用系统的组成，显然不能只有区块链和第三方中心。

一个区块链应用系统想要获得更多的信任，一是所使用的区块链要自证清白；二是区块链应用的环境，比如入出链的数据、与物理世界的镜像关系等也要自证真实性。

在许可链（如联盟链和私有链）中，用户的授权和访问控制需要由值得信任的管理员来执行。举例来说，虽然无须许可的公有链中去掉了管理员这个角色，但无论是公有链、联盟链和私有链，都还需要信任自己的组成部分：

信任所选用的加密技术。但是，加密算法或实现可能会有缺陷，智能合约也可能会有漏洞。

信任所运行的软件。要祈祷程序员是个天才，所开发的软件没有漏洞。

相信用户之间不会共谋。如果一个群体或个人控制了 POW 系统中 51％的算力，或者 POS 系统中 51％的投票权，整个区块链的防篡改功能就失效了。

相信节点的中立性。要假设节点会公平地接受和处理每笔交易，类似于“网络中立”的法律原则，但“区块链中立”还没形成标准和法律制度。

所谓“没人能够控制一个区块链”，实际上更准确的表达应该是：“在区块链系统的规则下，没有人能控制你什么时候、与什么人做交易。”

可以看到，区块链造就的技术信任网络仍旧是建立在一个复杂的技术之上。正如哈佛大学甘迺迪学院的信息安全大师布鲁斯·施奈尔（Bruce Schneier）指出的：“区块链的作用是使人们对他人或机构的信任转移到技术上来，需要相信加密学、一系列的协议、软件、电脑与网络。”上述技术中任何一部分出现失效和错误，都会导致信任网络出现致命的问题。

同时，区块链信任也不是万能的，它所创造的信任环境，不能简单外推到区块链外，区块链要解决现实中的信任问题，往往需要引入区块链之外的可信中心机制予以辅助。区块链具有防篡改能力，但只有数据已经在链上的时候这一能力才能展现。在数据写入链之前，在数据离开区块链之后，对能否保证数据不被篡改，区块链是无能为力的。

还有一些应用场景，比如溯源等，虚拟世界链上的数据与对应的物理世界的物品必须存在“不可更改”的镜像关系，才可能保证应用真正可信。

总的来说，区块链只是将信任的锚点从机构转向了机器，但这台信任的机器本身也是由人制造的，是由多种技术组成的，而人可能出错，组成技术可能不靠谱。

这台信任机器本身也需要与外界环境交互的，但外界“喂”给它的数据未必就是真实的，与外部世界的关联关系也可能只是在梦里。

事实上，2018 年 4 月，中国信息通信研究院联合百余家企业在业界推行“可信区块链推进计划”（Trusted Blockchain Initiatives，简称 TBI），背后的逻辑，就是让信任的机器是可信的。目前，已有 380 余家企业加入“可信区块链推进计划”，共同搭建政产学研平台，推动区块链基础核心技术研究和行业应用落地，构建可信区块链标准体系，引导行业良性健康发展，同时还将积极开展国际合作，提升我国在区块链领域的国际影响力。

三、区块链的前世今生

比特币是区块链技术的第一个应用，也是区块链技术的起点。经过多年的发展，区块链在技术上早已进入新的阶段并逐渐深入各个垂直行业。但在我们理解区块链技术的发展历程时，比特币仍旧有其历史意义。

2008 年，国际金融危机爆发。同年 10 月 31 日，在前人的理论和实践基础之上，一位化名中本聪（Satoshi Nakamoto）的“匿名人士”发表了一篇《比特币：一种点对点的现金支付系统》的论文，构想了一个无须依赖中间机构的去中心化电子记账系统，并设计出了区块链技术的原型。

2009 年 1 月 3 日，中本聪在位于芬兰赫尔辛基的一个小型服务器上挖出了比特币的第一个区块——创世区块（Genesis Block），并获得了首个挖矿奖励——50 个比特币。

一开始，比特币的参与者主要是一些计算机和密码学爱好者。由于接受比特币的人非常少，其价格也很低廉，2010 年，美国一位程序员曾花一万个比特币买了两块总价值 25 美元的比萨饼。

十余年来，比特币创造了价格的神话，牵动了无数投机者的心弦，但对我们而言更重要的是理解比特币到底是什么，它和信任的关系又是什么，它所依赖的区块链技术到底是如何工作的，以及如何看待比特币这一新事物。

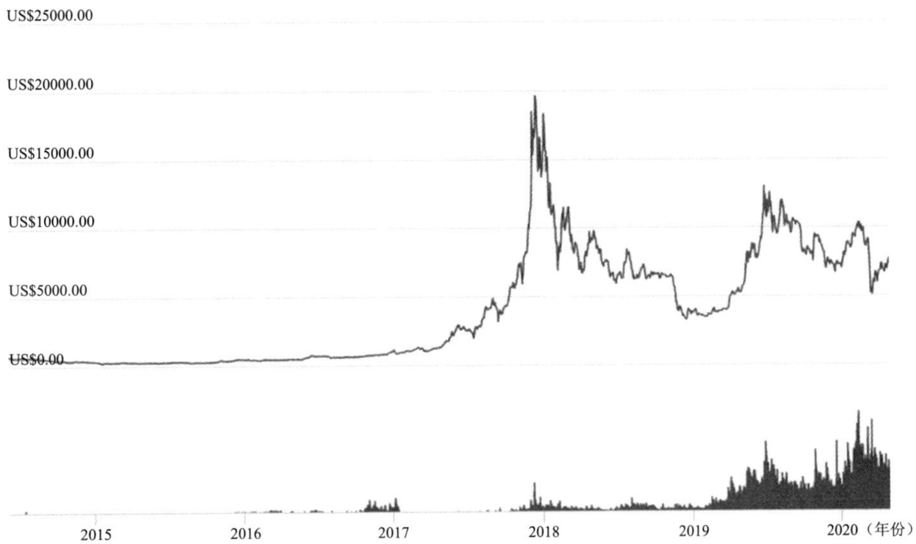

图 6 比特币的历史价格走势

（一）比特币是什么

亚当·斯密在《国富论》中指出："交换是人和动物的区别，是人类的本能。我们从未见过两条狗公平审慎地交换骨头。"人类早已发现，交易会产生新的价值。虽然 300 多年后的今天，科学家已经发现了一些动物也会做交换，但人类交换还是存在重大区别的：一是交换可以发生在陌生人之间，二是发明了交换的介质。

人类大多数的交易发生在陌生人之间，因此需要一个共同信任的中心。比如在部落社会，人类借助共同的神灵、神话中的共同祖先或图腾动物等充当信任中心。现代社会的交易范围更广泛，没有了全球 60 亿人共同的神灵、祖先或图腾，因此人类就发明了法律和商品、证券交易所等中心化组织，以提供权威的信用中介服务。中心化的价值交换组织一般起三个作用：验证交易的真实可靠，防止假币；保障一旦接受了商品或服务，就不能再要回代币；保留交易细节的档案，以防欺诈和做审计等。

区块链的第一个应用比特币就是希望设计一个无须依赖中间机构的去中心化电子记账系统。现今全球记账方式一般由银行系统实现，无论我们使用的是银行卡还是信用卡，或者其他第三方支付渠道，归根到底，转账记账是来自银行系统记账的准确性。不同于这种传统中心化方式，中本聪构想了一种新的系统方案，它可以通过“去中心化”的方式进行记账，即不依赖任何一个单点的中心来完成交易的记录。

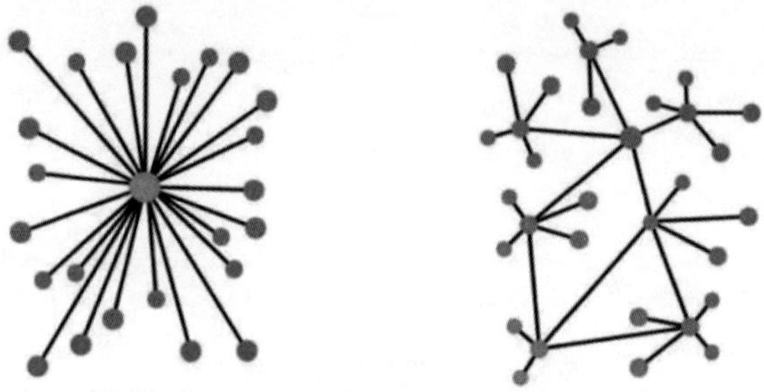

（a）中心化　　（b）去中心化

图 7　中心化与去中心化架构对比

表 1　比特币与银行系统的对比

	银行	比特币
货币的发行者	中央银行	无
交易的记录者	银行记录	所有用户
角色身份	服务提供者	所有人既是服务提供者又是用户

银行为客户提供记账服务，用户的转账交易数据都记录在银行自身的计算机中，这是一种典型的“中心化”方案。相比而言，比特币的“去中心化”的方式是将系统中所有的用户都变成了维护者，将单点的记录模式变为多点的记录模式，所有的用户都要记录其他用户所有的交易信息，以此建构一种数据公开、人人均可以参与数据共享与记录的记账模式。

在发展的十余年中，比特币基于这种“数据公开、人人参与”的记录模式，系统在没有任何负责人，没有专职运营者的前提下，没有记错一笔账，没有出现大规模的故障。

但问题随之而来，这种类似“人人为我、我为人人”的“去中心化”的模式，是如何实现的呢？让任何人都可以拥有数据和写入数据的权利，系统不会产生很多问题吗？

中心化的银行为用户提供记账服务，收取费用，模式清晰。去中心化的记录方式，参与者消耗自身的资源去记账，维护网络的运行，动力是什么？

所有的用户互相记账，每个参与者的数据可能是不一样的，不会记录错乱吗？

如何有效地防止交易造假，如何验证交易的真实有效？

因为账本公开，人人均可以参与记账，如何有效地防止交易被篡改？

如何防止双重支付，即一笔钱被重复支付两次的问题如何解决？

第一，参与记账的动力是什么？参与记账有收益，每一个比特币系统中的用户都可以去记账，记账有手续费的收益，同时还附加成功做出账单、打包出块的奖励。比特币设计的方案要求每十分钟产出一个区块，打包出块的奖励最初为 50 个比特币，每过 4 年将会减半，因此可以算出比特币的总量运行至 2140 年，将达到 2100 万恒定的数量。比特币的发行利用打包奖励的方式扩散了出去，正因为有打包奖励以及有记账手续费的收益，大家都有了动力参与记账。

第二，账本以谁的为准？中本聪使用工作量证明机制解决这个问题。基本的解决方式是为了不使记账错乱，所有人记录的数据仍需要以某个人的数据为准，但需要确立一种机制公正公平的选择一个记账人。那么，问题就转换为选择谁为这个记账人？

比特币设计以“工作量”的方式选择这个记账人，所谓“工作量”可以理解为通过衡量“工作量”来选择记账人的机制，即一种类似“多劳多得”的机制。

这个机制转化为计算机的设计，就是让所有竞争记账权的计算机去计算一个很难的数学题，率先计算出的参与者可以获得记录一笔账的奖励，同时产生新的比特币。这个数学题的难度没有一个人可以通过大脑或者计算机直接计算出来，必须通过不断的枚举与尝试，依靠强大的计算能力，才有希望最先得出答案。这个运行过程需要消耗大量算力，且伴随着新比特币的生成，所以可以形象地将其比作为“挖矿”。

因此，比特币的“挖矿”在选择了每个区块记账人的同时，发行了新的比特币。

纵观比特币的发展历程，比特币的挖矿经过了三个阶段：

CPU：利用普通的电脑进行计算；

GPU：利用显卡进行计算；

ASIC：利用一种专门为挖矿设计的集成电路。

目前，已进入 ASIC 专业挖矿阶段，诞生出了“矿机”，即专门用于挖矿的机器。但在挖矿的过程中，随着全网的总算力越来越高，单个矿机的产出也变得越来越不稳定。为了获得更加稳定的挖矿收益，大家一方面开始联合起来参与记账，逐渐出现了“矿池”的概念；另一方面，扩大规模，组建“矿场”。矿池本身并不进行挖矿计算，而是将计算任务分配给连接到矿池的矿机。加入矿池，参与者一方面可以避免运行全节点；另一方面也可以减少挖矿回报的方差。对于矿场，则是参与者搭建的一座厂房，将几十台、几百台或者几千台的矿机放在一起进行数学运算，提升自身的算力，增加挖到比特币的概率。

但是这种通过计算数学难题争夺记账资格的方式需要耗费大量的电力资源。2019 年，根据剑桥大学统计，比特币全年的耗电量约等于瑞士全国的用电量。比特币目前使用了大约 7 千兆瓦的电，占到了全世界电力供应的 0.21%。对于伴随耗电而来的碳排放，发表在《科学》期刊上的一篇论文估计，比特币每年产生的二氧化碳大约为 2200 万吨，相当于美国堪萨斯市全市的碳排放。

第三，交易有效性如何保证？所谓交易的有效性，即必须保证每一条交易记录都是由比特币持有者所发出，而不是由他人伪造的。传统的交易认证方式一般有三类：一是本人亲自到柜台办理，依靠“刷脸”进行有效性确认；二是在相关文件上签字，确认个人身份；三是依靠指纹，比如按手印等。然而，这些方式在电子支付系统上都不能实现，因为无论是人脸识别、

图 8 比特币“矿机”

签名还是指纹识别，利用计算机系统都可以进行复制，然后添加在伪造的交易记录上。因此必须要采用新的思路。比特币系统注册的时候，采用密码学技术，每个参与用户会生成两把钥匙：一把钥匙由自身保管，叫作“私钥”，每笔交易均需要用户使用个人私钥签名；同时另一把钥匙可公开，叫作“公钥”，公钥可以供他人对签名后的交易进行内容检验，确认交易的有效性。

第四，交易如何实现防篡改？所谓防篡改，即如何防止作恶者将已经确认到比特币网络上的信息进行篡改，将自己其中的某条交易记录删除或者更改。由于比特币采用块链式的数据结构，我们可以将其想象成一条长长的铁链，并采用最长链原则。简单来说，大家只需要在最长的链上进行接块。假如同时有两个区块被创造出来，那么就要看接下来哪个区块后面会先接出新的区块，成为最长链。短的一方将不会有人再去接块。如果将其中一个区块的信息进行更改，理论上是可行的，即需要在它的前块上重新进行哈希解密，算出一个新块来，连接到前块上。但这并没有完成篡改，因为依据最长链原则，不会有人在篡改的块后面接块。如果为了让全网的人认为篡改的块是真的，则需要以篡改的块为起点，不断的计算新块连接下去，直到它所在的链条成为最长链。也就是说，需要同时跟全世界的算力竞赛，比他们更快地接出块，才有可能改变区块链记录，理论上，至少要有超过 51%的全网算力才能篡改成功，难度可想而知。

第五，如何应对双重支付的问题？比特币的独特之处在于它实现了交易确认机制，并且维护了一个类似于传统现金交易系统的全局账本。这个账本以时间为顺序保存了从 2009 年系统开始运转至今的所有交易和这些交易的时间戳。双重支付的问题可以通过比特币的可追溯特性解决。当参与者们接收到交易后，会对全网信息进行搜索。从账户建立之初到目前所有信息都是公开可查的，因此可以判断账户余额是否足以支付这笔交易；如果不够，那么可以拒绝打包这条交易。假设用一个比特币尝试双重支付，即付给对方一个比特币后再次重复签名，把这一个比特币再次发给另一个人会发生什么？首先，节点们在接收到其中一条交易时，会进行余额查询，但由于网络延迟问题，可能造成节点们收到交易先后顺序不一致。若其中一条交易被率先打包，则会导致第二笔交易的余额查询不匹配，被判定无效，进而被网络删除。如果两个参与者同时采用了这两笔交易并打包出块，那么最终处于最长链的交易将会被记入账本，另一笔将会被忽略。

总而言之，比特币作为一种技术手段是非常新颖的。比特币没有一个中心发行机构，总量固定，天生具有防伪属性，可以说比特币是区块链技术的第一个应用，具有很强的技术启发性。但也要清晰地看到，比特币本身仅仅是一堆数据，其背后缺乏最后真实价值的支持，很难确保其价格的稳定性，比特币价格非常容易受市场情绪影响，由此经常大幅度的波动，根本无法承担“货币”的职能。同时，比特币系统的效率极低，每秒仅能处理 3—5 笔交易，且交易确认需要接近 1 个小时，极低的性能难以支撑真正大规模的使用。

最后，比特币是一种匿名的虚拟货币，人们可以匿名地通过比特币进行转账交易，不用像银行转账那样需要核验各种身份信息，更不用担心与任何银行卡绑定，这种机制给很多犯罪分子提供了可乘之机。

（二）区块链历史发展路径

区块链技术脱胎于比特币，其作为比特币的底层技术在近十年的发展过程中经历了分化与演进。从 2009 年开始，比特币的诞生开启了区块链 1.0 时代，到 2014 年以太坊开启了区块链 2.0 时代并逐步走向与垂直行业应用广泛结合的区块链 3.0 时代，这一路历经艰辛，使得区块链逐步从狭义的虚拟货币走出，赋能垂直行业，适配多场景应用。

图 9　区块链发展路径

1. 前序技术

区块链技术的诞生是交汇融合的产物。区块链技术依托于现代计算机技术、密码学技术和互联网技术等，是互联网协议栈中应用层的一种新技术，它依然需要运行在互联网底层的基础设施上，依然是互联网上诸多的应用之一。

"区块链技术依赖于密码学。1976 年，Bailey W. Diffie 和 Martin E. Hellman 两位密码学大师发表了一篇名为《密码学的新方向》的论文，论文覆盖了未来几十年密码学所有的新的进展领域，包括非对称加密、椭圆曲线算法、哈希等加密方式，奠定了迄今为止整个密码学的发展方向，也对区块链的技术和比特币的诞生起到了决定性作用。"①

① 李伟、许志骋、张彩芳：《区块链在金融行业的应用和发展》，《金融科技时代》2020 年第 2 期。

密码学的发展和经济学的发展，进一步推动了电子支付系统的探索。1982年，大卫·乔姆（David Chaum）提出不可追踪的密码学网络支付系统。8年后，他将此想法扩展为密码学匿名现金系统，即Ecash。1997年，亚当·贝克（Adam Back）发明了Hashcash，首次提出了一种阻止垃圾邮件的工作量证明系统，其背后的技术，影响了后人对数字货币的研究。1998年，戴伟（Wei Dai）的论文阐述了一种匿名的、分布式的电子现金系统，即B-money，“数字加密货币”的概念由此而生。与此同时，尼克·萨博（Nick Szabo）的BitGold结合一系列密码学、去中心化货币的思路，使用户通过竞争解决数学难题，然后将解答的结果用加密算法串联在一起公开发布，构建出一个产权认证系统，被认为是比特币的一个先驱。

2. 区块链1.0——比特币阶段

区块链1.0时代是以比特币为代表的虚拟货币。2008年末，中本聪发表了一篇名为《比特币：一种点对点的电子现金系统》的论文，结合了诸如B-money、HashCash、BitGold等先前的技术发明，创建了一个完全去中心化的电子现金系统，这个系统不依赖中央机构进行货币发行、结算和验证交易。比特币的关键创新是使用工作量证明共识机制，通过每10分钟进行一次全球性的“选举”，从而允许分布式网络达成关于交易状态的共识。

但在区块链1.0时代，区块链技术还局限在像比特币这种虚拟货币和单一的转账功能上，无法带动更多实际场景。随着时间的推移，更多的人开始关注技术本身，逐步发展并引发一场新的革命——区块链2.0时代。

3. 区块链2.0——智能合约阶段

区块链1.0时代，其主要功能是转账，对编程的支持很弱。以太坊的出现提出了智能合约的概念，用户可以编写智能合约的程序并将其部署在区块链上，极大地丰富了区块链的应用场景，使得区块链正式进入可编程时代。以太坊的诞生标志着区块链正式进入2.0时代。

在区块链 2.0 时代，区块链技术的应用不再只是数字货币，而是扩展到了一个分布式的应用平台。2013 年，以太坊的创始人维塔利克·布特林发布了以太坊初版白皮书：《以太坊：下一代智能合约和去中心化应用平台》。以太坊致力于将区块链应用于货币以外的领域，旨在提供一个可编程的区块链平台。以太坊是一个开源的具备智能合约功能的公共区块链平台，允许用户在上面搭建各种区块链应用，大大降低了区块链应用开发的难度。

但随着区块链的发展，分布式的模式变得越来越复杂。人们利用这一技术，在全球各地构建去中心化的组织或社区，区块链 2.0 时代的技术能力不足以支撑上层复杂的业务场景，这成为其快速发展的制约性因素。于是，行业逐渐将眼光放到未来的 3.0 时代。

4. 区块链 3.0——行业应用阶段

区块链 3.0 时代是区块链技术在社会领域下的应用场景实现，将区块链技术拓展到金融领域之外，为各种行业提供去中心化解决方案的"可编程社会"。同时区块链 3.0 将会成为价值互联网的内核。区块链能够对于每一个互联网中代表价值的信息进行产权确认、计量和存储，从而实现资产在区块链上可被追踪、控制和交易。

"价值互联网的核心是由区块链构造一个全球性的分布式记账系统，它不仅能够记录金融业的交易，而且几乎可以记录任何有价值的能以代码形式进行表达的事物，如对共享汽车的使用权、信号灯的状态、出生和死亡证明、结婚证、教育程度、财务账目、医疗过程、保险理赔、投票、能源等。因此，随着区块链技术的发展，其应用能够扩展到任何有需求的领域，真正的区块链 3.0 时代正在走来。"①

① 鲁佛文：《浅谈区块链在物联网领域的应用》，《数字化用户》2018 年第 37 期。

四、区块链的分类

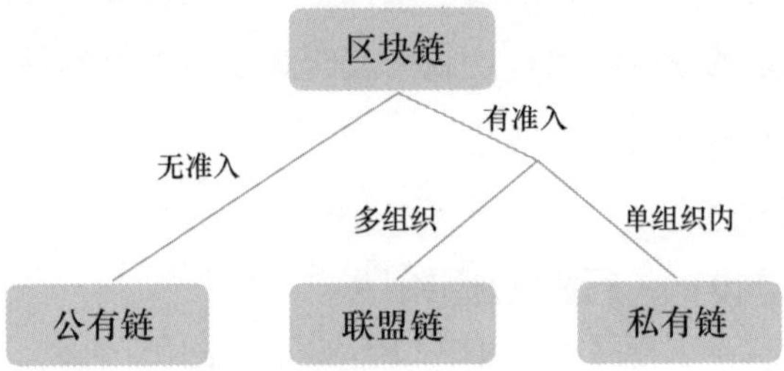

图 10　区块链分类图

区块链从其内在性质来讲，是一个多方参与、维护的系统，是一个“人人为我、我为人人”的多方记录系统。一般来说，现在的区块链可以按照参与方的准入范围，即按照“人人”的范围大小，分为公有链、联盟链、私有链。无任何准入门槛，任何人均可加入网络叫作公有链；有准入门槛且范围是在多机构组织间，经过联盟内部讨论准许的网络叫作联盟链；最后，有准入门槛且范围在单机构组织内部，不对外开放的叫作私有链。

（一）公有链

公有链是无任何准入门槛，任何人都可以参与、无访问限制的区块链网络。在网络中的每个用户都可以在公有链上发布、验证、接收交易，都可以竞争记账权，且交易经过全网的节点共识，最终大家均可拥有全部账本数据。公有链的技术升级与维护完全交由公共社区完成，一般的公有链代码是开源的，接受公众审查与监督。公有链的代表项目包括比特币与以太坊，比特币是一种任何人可记录与验证的去中心化难篡改的账本，创造了不依赖于中央机构的点对点电子现金系统；以太坊则延伸了比特币的概念，使在全球范围多个计算机上运行代码、验证、存储和复制业务数据成为现实。

公有链有着如下四点核心特征：从人的角度出发，记账公共化，所有用户都可以竞争记账权，检查交易的合法性；从数据的角度出发，链上数据公开透明，任何人都可以拥有全部历史数据的账本；从代码的角度出发，公有链的治理（包括维护、技术升级）由公共社区完成；从价值的角度出发，使参与贡献的人可获得相应的经济奖励。

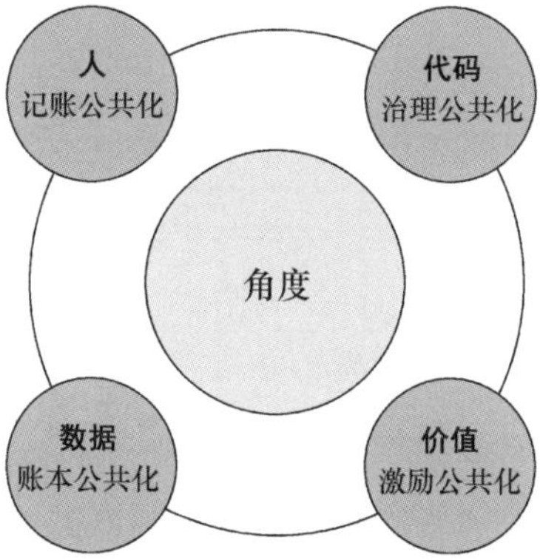

图 11　公有链的核心特征

公有链通过将账本公共化、记账公共化、治理公共化和激励公共化为所有使用者提供最为一般化的信任服务。公有链所带来的自发性信任，简单来说源于其设计过程中的共享原则，即为聚集社区和持续发展，设计了经济激励原则，系统中的参与贡献的人可获得相应的经济奖励。但公有链本身并没有某种资产注入来支付奖励，而是系统自我发行了一种“资产”，即系统代币，这种系统代币是使用系统服务的凭证。因此，公有链系统资产本身的价值与系统本身的健壮性、生态、用户结构以及外部市场、投资者心理都有很大关系，经常出现大幅波动，带来投机与炒作的空间。

目前来看，公有链这种全球信任的使用场景较为有限，仅能在纯粹记账和封闭性合约的领域中使用，灵活度较低，还需较长的发展过程。回顾过去几年的发展，公有链还未找到很好的应用思路和产业逻辑，并且由于与虚拟货币的伴生关系，导致大量的传销骗局与投机炒作事件不断发生。

（二）联盟链

联盟链，其发展可追溯到 2014 年，以 R3、Hyperledger 为代表的大型机构认识到区块链可与比特币脱钩，并将其用于各种组织间协作的场景中，逐渐兴起了联盟链的范式。联盟链是存在准入机制的、多机构组织间的区块链网络。一般情况下，联盟链采取多中心式，参与成员为预先设定，系统内交易确认的节点一般也是事先设定，并通过共识机制确认，根据联盟链内部的信任程度和相关需求程度，选择匿名或非匿名方式运行。联盟链容易进行控制权限设定，拥有更好的应用可扩展性。

联盟链的设计，使得交易数据的发布、验证、接收运转在多机构组织之间。一般情况下数据仅对联盟内的成员开放，有关记账权取决于联盟规则，但最终的账本数据由整个网络的组织机构共同维护。联盟链的治理问题则完全交由联盟内部决定，一般包括多方主导或者采用民主协商方式进行公平治理，通过在联盟内多组织间实现共有账本、共建记账、协作治理的方式，在联盟范围内建立可信基础。同时账本数据多方冗余存储可带来难篡改特性，从而提升多方业务协同运作效率，建立机构间的信任基石。

联盟内通过对交易数据多方共识，来保证业务数据的高效多方验证。由于各个机构均搭建网络节点，使得数据可以去中心化存储在各个机构，并通过多方冗余保管的方式，提高数据篡改难度。因此，只要联盟链系统稳定运行，非法交易无法通过全部机构的共识确认过程，可提高数据在机构间的可信流转。

与公有链相比，联盟链并不需要发行内生“资产”用作经济奖励，其运行动力可来自平台抽佣激励或是各方上层业务驱动。平台抽佣激励最有代表性的项目是由“脸书”（Facebook）于2019年牵头发布的全球数字加密货币项目天秤币（Libra）。

天秤币的使命是建立一套简单的、无国界的货币和为数十亿人服务的金融基础设施，天秤币选择一揽子法定货币以及强主权国家政府债券作为抵押，发行抵押多种低风险法定金融资产的稳定虚拟货币，并引入多家金融资产托管机构分散化托管。同时，天秤币用户不会收到来自储备资产的回报。平台储备资产将供参与机构投资低风险资产，该资产将随着时间产生利息，该利息加上平台收取的交易手续费用，最终用于支付系统的成本，分红给生态系统启动初期的投资者，激励多方参与共同维护网络。

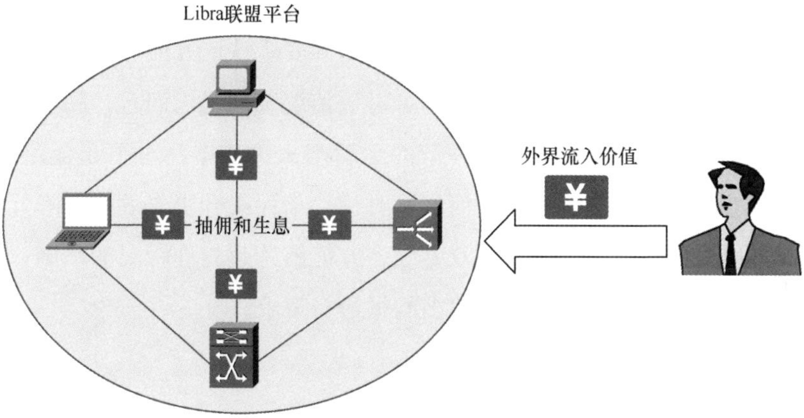

图12　Libra联盟平台的激励模式

联盟链由于将范围限定在多组织间，其基本组织模式一般分为两种。

第一类模式可总结为“先有联盟后有链”。假设某些组织机构决定要成立联盟，启动一个链来共享数据，它们通过事先协商好各联盟成员在联盟中的角色、投票权重、准入机制、承担的责任、利益分配等，将这些协商事宜落实为合同、公司股权、章程等，最终基于各方的链下信任，寻求联盟链技术，启动运行。

第二类模式可总结为“先有链后有联盟”。联盟本身的成立、准入、责任利益分配等治理机制均通过链来进行，发起方将线下的合同转换为链上的合约代码逻辑。联盟本身是由链组织起来的，最终由联盟链自发为多方带来链下无法促成的信任。

第一种模式主要是把区块链作为一种多主体间的可信交互系统来使用，更关注当前现实的可行性以及合规性。第二种模式更关注基于区块链产生的多方信任，通过程序表达，为多方赋予机器信任，但这种模式在一定程度上依赖法律的变革，所以当前的联盟链一般采用简化的“先有联盟后有链”的策略。

联盟链主要应用群体是金融机构、商业协会、集团企业及上下游企业，能够广泛服务于支付清算、票据、保险等金融领域以及供应链管理、工业互联网、产品溯源、能源、版权等实体经济领域。

联盟链为多企业主体在交互协作、互信和安全认证方面提供了机器信任的基石，并降低总体的业务维护成本。对于传统金融机构而言，联盟链将有效降低对账、清算、审计等线上环节的运营与人力成本；对于非金融行业，联盟链能够减少价值链各环节的信息不对称，从而提升协作效率，降低整体交易成本；对于个体而言，陌生双方或多方能够跨越物理距离的限制，在网络上安全地传递价值，从而创造更多的供给与需求。①

（三）私有链

由于私有链的准入范围在单机构组织内部，所以私有链一般用于企业、国家机构或者单独个体使用。私有链中交易的发布、验证、接收完全由私有的单组织制定，不对外开放读写权限。

私有链因为网络规模小且一般为内部网络，往往可以有极快的交易确认

① 本刊编辑部：《区块链与经济社会方面融合发展的前景》，《中国总会计师》2019 年第 11 期。

速度、更好的隐私保护且不容易被恶意攻击，常用于企业内部的数据库管理、审计，政府的预算和执行或者政府的行业统计数据等，它们内部之间需要透明，但没必要对外开放。

私有链的价值主要体现在可以提供安全、可追溯、不可篡改、自动执行的运算平台，同时体现在可以防范来自内部和外部的对数据的安全攻击。

五、区块链的核心技术

区块链技术作为一种数字时代的新型记录方式，通过“去中心化”这种类似“人人为我、我为人人”的多方记录方式，保证了数据的多方验证、可溯源、难篡改，为多个参与方之间的信任建立提供了一种更为高效和机器化的方式。

下面详细介绍区块链的核心技术。在进入具体的原理前，我们先用“村长记账”的故事来梳理一下区块链工作原理。

在一个500人的村庄里，有一位德高望重的老村长，村民都非常尊敬和信赖他，因而在很长的一段时间内，村子的账目都由村长一个人记录。可是渐渐地村民们开始担心起来，如果村长家着火了或者家里进小偷了，这个账簿可能就消失了，那么整个村的账就不明不白了；虽然老村长德高望重，但他年事已高，有时候老眼昏花将账目记错了怎么办？还有，如果借钱的人到老村长家把账改了或赖着不还，老村长也没有办法。

于是，有一天，村民们聚集在一起开了个会，决定给每家每户发一个账簿，任何人的转账交易，都要通过村里的大喇叭向全村人通告，村民们收到通知以后，就在自己家的账簿上记录下每一笔交易记录。在这种情况下，如果有一天村长的账簿丢了，那也没关系，村里老王、老李、老赵、老张等499家村民的账簿均是备份；如果老村长不小心将账目信息记错了，但因为有大喇叭广播，所有村民共同记账，就可确保账簿准确，避免了由于个人原因带来的失误；如果某个人想赖账，在自己的账上改一下也没用，因为需要修改大多数村民的账簿没那么容易。

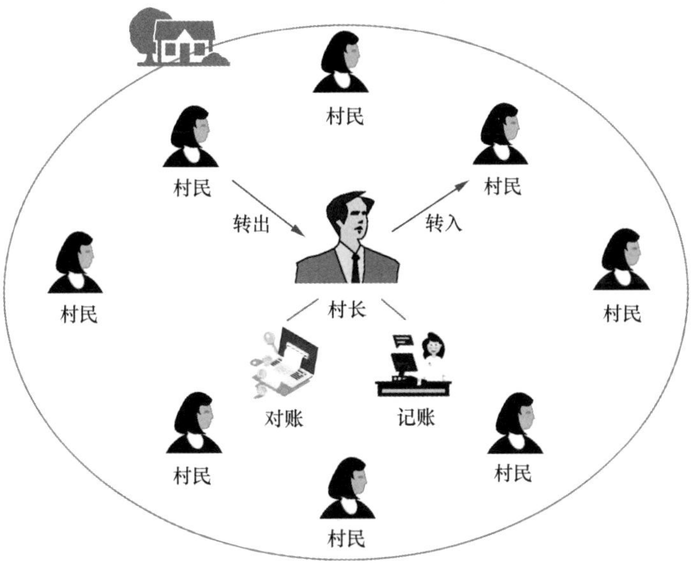

图 13　村长记账

故事到此就结束了，但我们可以通过这个故事来理解区块链技术。一般区块链系统的账本由区块依次链接而成，对应到故事中的账簿，村民手中每一页纸质的账本可以类比为一个区块，而所有页组装成簿，可以类比为区块链接为区块链的账本。

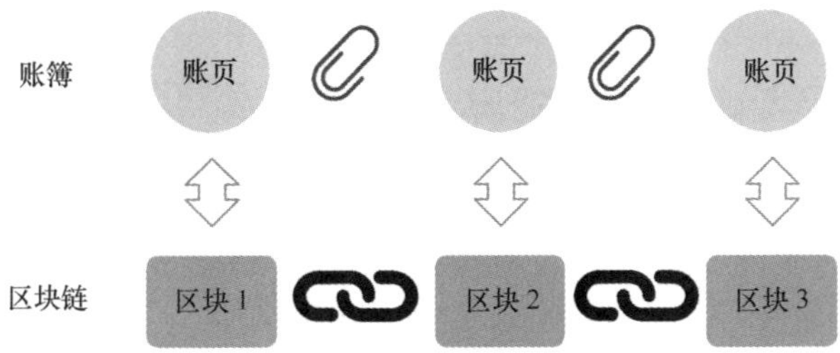

图 14　账簿与区块链

这种新的记账方式相比传统更强调去中心。回到故事中，就是由原来的村长单独记账转变为所有村民的全体记账。在计算机网络中，多方共同记账与互为备份，避免了中心化的单点故障。

但记账成员增多且更加分散，就会引发分布式网络中各个节点数据一致性的问题，也就是多方记账如何保证各个账目一致的问题。回到故事中，解决方案是通过村里的大喇叭广播，实现各家账目的共识同步。在实际的区块链系统中，需要设计一个更加复杂的共识机制（即共识算法），来保证网络中所有参与者记录数据的一致性。

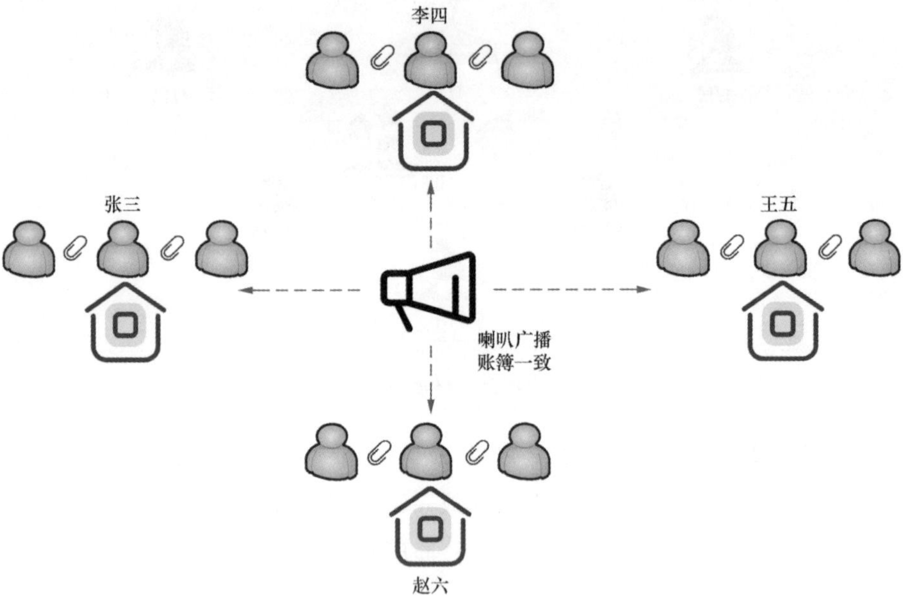

图 15　分布式账簿

需要补充的是，真实区块链系统各个节点的账本，并不只局限于记账，还可以多人协作、共同记事，这就引出了智能合约，丰富了账本的功能。同时区块链网络会结合加密技术，针对账本记录的内容进行交易确权与内容摘要链接，从而赋予账本难篡改特性。

从技术角度看，区块链是一项集成了计算机科学、数学、经济学等多学科领域研究成果的组合式创新技术。为保证区块链系统的正常运行和每笔交易的正常上链，一般运用到的核心技术包括密码学、对等网络、共识算法、智能合约等。

密码学。密码学的主要作用是通过技术的方式保证参与方的权属和验证问题。权属问题是保证区块链世界我是“我”的问题，验证问题是保证区块链系统的“难篡改”。

对等网络。区块链系统是由多方、多参与者组成的网络，对等网络技术是组建这个多主体的技术基石。

共识算法。共识算法是保证“共同维护、多方共建”系统所有参与者之间数据不错乱的解决方案。

智能合约。区块链系统不仅可以记录转账、交易，还可记录多方共同运算的程序，这种运行在区块链上的程序就是智能合约，它使得区块链可支持实现各种现实世界的业务。

下面针对各个技术实现进行详细介绍，深入区块链核心技术。

（一）密码学

密码学技术可以确保交易信息难篡改以及针对交易发起人进行身份验证。同时在联盟链的场景下，密码学技术可以为区块链系统带来准入机制，让节点间完成验证互认。一般来说，区块链系统常用的密码学算法包括非对称加密算法与哈希算法。

非对称加密算法是指在加密和解密时使用不同密钥的加密算法，使用其中一个密钥把明文加密后所得的密文，只能用相对应的另一个密钥才能解密并得到原来的明文。虽然两个密钥在数学上相关，但如果知道了其中一个，并不能计算出另外一个。其中可以公开的密钥，一般称为公钥；不能公开的密钥，一般称为私钥，由用户自行秘密保管。

在区块链网络中，每个用户都拥有唯一的一对公钥和私钥。公钥就像银行卡号可以被公开，私钥是非公开的部分，就像银行卡对应的账户密码。简单来讲，在区块链中，谁控制了私钥，谁就掌握了这个私钥所对应账户中的所有数据。非对称加密在区块链系统中典型的应用场景是交易的签署与验签，交易发起方用私钥在原始交易信息中签名，并将签名后的交易和公钥进行广播，各节点接收到交易后可以用公钥验证交易是否合法。在这个过程中，交易发起方无须暴露自己的私钥，从而实现了保密的目的。

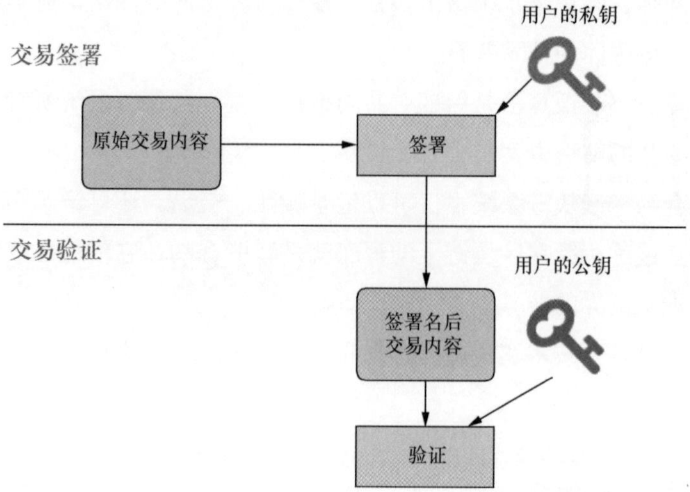

图 16　区块链的非对称加密算法应用

哈希算法是一类加密算法的统称，是信息领域中的基础技术，也是非常重要的技术。其在应用过程中一般具备四个特点。

第一个特点是具有单向性，即输入值经过哈希算法计算可以很容易地得到输出值，但我们很难根据输出值去反推对应的输入值是什么。正如一块玻璃很容易被砸碎，但却破碎的玻璃片很难被重新拼凑成一块完成的玻璃；

第二个特点是计算时间短，无论原始的数据有多大，哈希算法的计算时间一般在可接受的范围内；

第三个特点是输入敏感，即输入值只要稍微修改一点信息内容，最终产生的输出值一般都会有很大的不同；

第四个特点是输出值大小固定，即任意长度的输入值，最终经过哈希算法计算，会得到固定长度的输出值。

通过运用以上技术特点，哈希算法可实现正向计算快速，逆向推导困难，并且因为输入敏感，使最终的输出值有一定的碰撞阻力。在区块链系统中，一般将哈希算法运用在交易验证与构建区块等过程中，比如构建区块，如果区块内的数据被恶意添加或者改变，所得的哈希值就会完全不同。此外，每个区块头信息中都引用了前一个区块的哈希值，使得区块之间环环相扣、紧密相连，从而形成一条难以被篡改的数据链条。

图 17　哈希算法原理

（二）对等网络

对等网络，又称点对点网络，是无中心服务器，依靠各个节点交换信息的网络体系。与有中心服务器的中央网络系统不同，对等网络中的每个节点既能充当网络服务的请求者，又可接收其他节点的请求，作出响应并提供资源、服务和内容。区块链采用对等网络的架构，比如交易广播，结合对等网络技术，通过去中心化的方式将交易广播分散至各个节点。

区块链对等网络的实现主要包括节点间的网络发现以及节点间交易数据的收发。区块链系统一般由众多节点通过网络连接构成，特别是在公有链系统中，节点数量往往很大。每个节点需要通过网络发现协议寻找邻居节点，并与邻居节点建立链路。对于联盟链而言，网络发现协议还需要验证节点身份，以抵御各种网络攻击。节点通过网络通信协议连接到邻居节点后，数据收发模块完成与其他节点的数据交换、事务广播、消息共识以及数据同步等。

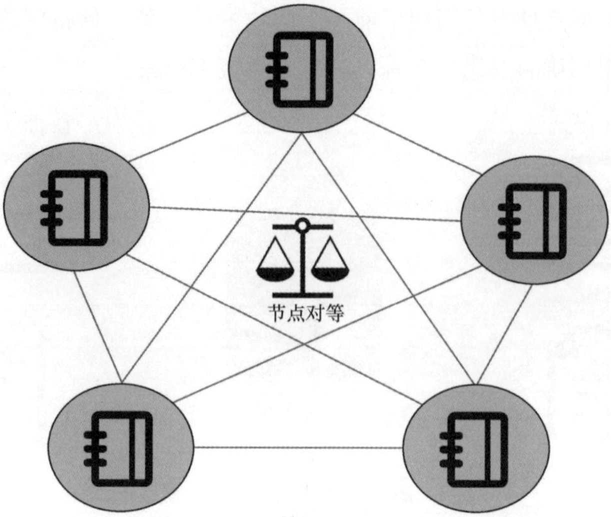

图 18　对等网络

（三）共识算法

共识算法负责区块信息的全网一致性，确保最新区块被准确添加至系统中。共识算法既要快速达成共识，也要保证容错能力，特别是当个别节点在共识形成过程中出现瘫痪时，也要保证不影响整体共识结果的正确性和一致性。共识算法实现了在无中心的情况下，所有记账节点之间能达成共识，并认定一个记录的有效性。它既是认定记录有效性的手段，也是防止篡改的手段。

常见的共识算法包括工作量证明和拜占庭容错等。工作量证明算法由所有节点通过消耗机器计算力的方式对新区块进行哈希计算，即“解题”。第一个算出答案的节点负责产出新的区块，添加到区块链账本中，其他节点同步区块后开启新一轮的解题过程。工作量证明通过引入消耗算力作为代价，并且对产出新区块的节点进行奖励的激励方式，一定程度上提高了节点作恶的难度。但是工作量证明算法舍弃了一定程度的一致性，即产出的区块因为网络延迟等问题，并不一定能在全网中得到最终确认。因而，如比特币网络采用最长链共识，所有的节点选择最长链的区块串联新块，新增区块通过后续区块连续引用确认，来达到最终共识。

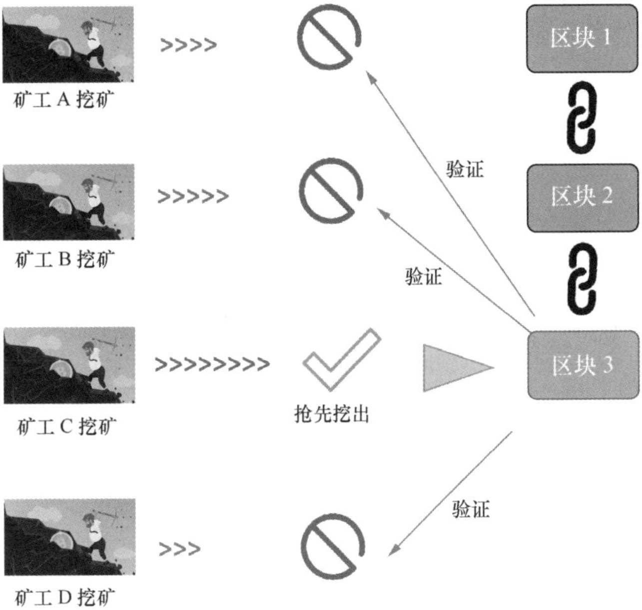

图 19 工作量证明共识机制

拜占庭容错算法在分布式系统中，特别是在区块链网络环境中，有运行正常的节点（被称为非拜占庭节点）、故障节点，还有恶意节点（被称为拜占庭节点）。算法的核心是在正常节点间形成对网络状态的共识。可运用数学证明，保证在 2/3 以上的节点正确时，拜占庭算法系统运行结果的正确性。但该算法随着参与共识节点数量的增加，通信开销会急剧上升，达成共识的速度则会快速下降，难以支撑上万节点规模的分布式系统。此外，该算法一般应用在联盟链上，节点参与共识首先要获得准入资格，因此要为节点的加入和退出过程设计额外的机制，这也就增加了协议复杂度和实现难度。

总之，共识算法是区块链系统的核心，而评价一个区块链共识算法的优劣，可以从以下三个方面进行，即容错性、终局性、扩展性。

容错性：指在考虑节点故障不响应的情况下，节点是否会伪造信息进行恶意响应，根据容错能力不同可以分为崩溃容错类和拜占庭容错类。前者只能支持节点故障错误，后者可以容忍一定比例的恶意节点。

终局性：指区块链网络对一个候选区块完成终局一致性所需要的时间，这对于应用体验是非常重要的评价指标。

扩展性：指区块链网络节点规模与共识算法性能的相关关系。

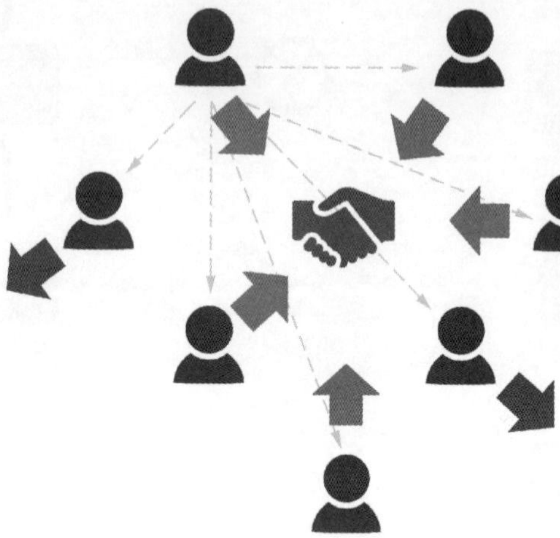

图 20　拜占庭容错共识算法

（四）智能合约

智能合约负责将区块链系统的业务逻辑以代码的形式实现、编译和部署，完成既定规则的交易触发执行，最大限度地减少人工干预。智能合约对接收到的交易进行回应，同时可以储存价值，也可以向外发送价值信息以及触发事件执行。智能合约就像一个可以被信任的人，能够临时保管信息以及按照事先商定好的规则执行。

图 21 为智能合约模型，其中包含一段代码，被部署在区块链系统上，各个节点均保存使用一套代码。同时合约可以维持自己的状态，编写自身代码规则和对接收到的外界交易进行回应。通过将智能合约代码部署在区块链

系统上，使得智能合约可以在一种完全公开、透明和不可篡改的环境中运行。在这种理想环境总运行下，交易双方不再需要权威第三方来担任中间商或者担保机构。同时全网各个节点均会调用合约代码执行并保存合约最新状态，保证最终一致性。

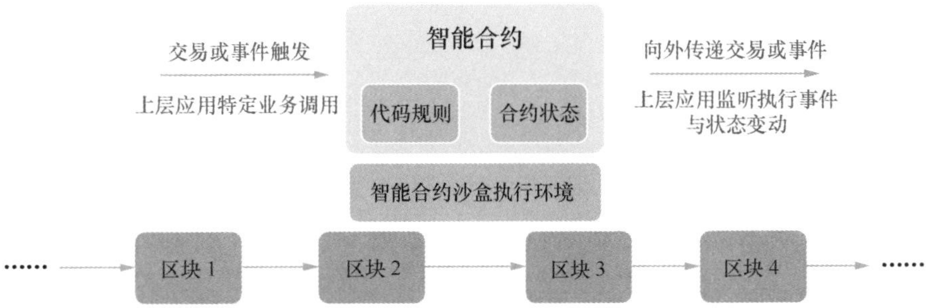

图 21　区块链的智能合约

在强调安全性、事务性和一致性的区块链系统里，一般通过设计智能合约虚拟机来实现沙盒特征，屏蔽类似随机数、系统时间、外部文件输入、网络调用等可能导致不确定性的因素；且可以抵抗恶意代码的侵入，以保证在不同节点上同一个交易执行结果是一致的，执行过程是安全的。

智能合约根据图灵完备与否可以分为两类，即图灵完备和非图灵完备。图灵完备的智能合约，可以对逻辑较复杂的业务进行编程，具有较强的适应性，但有陷入死循环的可能。相比而言，图灵不完备的智能合约循环与递归逻辑受限，无法实现数组或更复杂的数据结构，但却更加简单、高效和安全。

六、区块链技术关键问题

区块链作为一项组合式创新技术，提供了一种能在不可信网络中进行信息与价值传递交换的可信通道，具有去中心化、链上数据难篡改、交易透明且可追溯的特点。但随着对区块链应用的不断探索，针对区块链技术涌现出更多新的需求，包括区块链可扩展性、区块链互操作性、区块链隐私保护与安全、区块链治理等。如上列举的诸多问题正不断促使区块链技术迭代演进，是目前区块链技术的研究热点与方向，值得我们持续关注。

（一）区块链可扩展性

性能和效率问题是现有区块链系统在技术上的主要瓶颈。系统效率低导致交易处理时间长、网络拥堵，为区块链大规模应用造成障碍。但实际上，低性能与区块链系统内在的设计原则也有关系。由于区块链系统的目标是在缺乏互相信任的去中心化网络环境下，实现交易的安全性、公允性，达成数据的高度一致性以及防篡改、防作恶、可追溯。为了满足上述特性，区块链往往要在性能和效率上进行妥协，也就是形成“区块链不可能三角”模型，即无法同时达到可扩展性、去中心化、安全性，三者只能取其二，需要在三个点中取一个平衡。

虽然有“不可能三角”的存在，但区块链技术的发展仍在性能方面出现了一些优化方案。

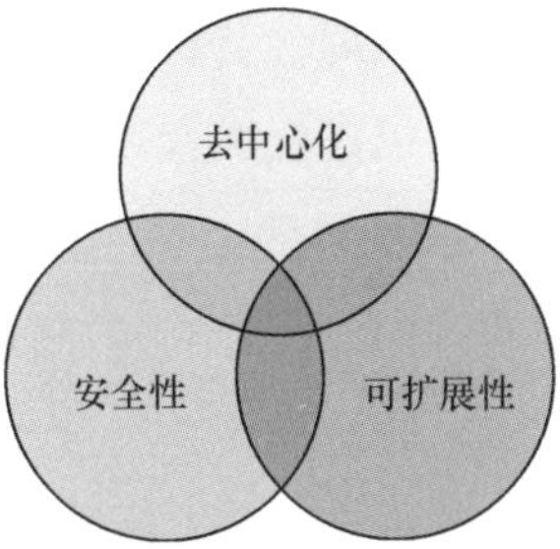

图 22　区块链的“不可能三角”

第一种思路是账本采用树图状拓扑数据结构代替传统的块链式数据结构，利用特定场景下区块链中关联交易少的特点并行处理区块，且将区块通过父边和引用边组织成有向无环图，而非单一的链条结构。通过这样的技术，降低新增区块对父区块的依赖程序，提升区块的并发处理能力，进而能够将区块链系统的整体吞吐量提升，降低交易确认的延迟，一定程度提升区块链可扩展性。

第二种常见思路为并行分片方案。对于公有链来说，分片理论源自数据库分片技术。传统的数据库领域分片主要用于大型商业数据库的优化，其概念就是将大型数据库中的数据划分成很多数据分片，再将这些数据分片分别存放在不同的服务器中，以减小每个服务器的数据访问压力，从而提高整个数据库系统的性能。而把分片技术运用到区块链网络中的思想是将拥有许多节点的区块链网络划分成若干个子网络，每个子网络中包含一部分节点，也就是一个分片，同时网络中的交易也会被划分到不同的分片中去处理，这样每个节点只需要处理一部分传入的交易，不同的分片可以并行处理交易，即可增加交易处理和验证的并发度，从而提升整个网络的吞吐量。

对于联盟链来说，一般对应着多链多通道的方式，因为存在准入门槛，网络规模一般小于公有链。联盟内可针对不同的业务创建对应的子链或子通道，不同的业务跑在不同的链上，同样采用分而治之的思想，提高整体网络的扩展性。

第三种常见思路为共识算法的升级演进，通过加快全网记账速度提高网络运转效率，其中包括单一共识向混合共识演进。由于单一共识算法本身具有的局限性，例如工作量证明共识速度偏慢等，区块链研究者就尝试将两种或者多种共识算法融合起来，取长补短，在不同执行阶段选取合适的算法，在整体上达到更好的共识效率。同时，针对单一的共识算法，比如联盟链场景使用最多的拜占庭容错共识，通过提高并行度、减少网络消息通信量等方式，均存在一定的优化空间，可极大提升系统性能，支撑大多数业务场景。

同时，由于业务访问量的不断增大，数据量也在不断递增。区块链一般采用链式累加的方式对增长的数据进行管理，但存储会随着时间的推移而不断扩大，并没有上限控制，从而导致运行全节点需要更多的存储资源，提高了全节点的运行门槛，造成当前全节点数量减少，网络分布式程度降低。同时，存储受限于单节点的存储瓶颈，上层应用业务数据膨胀将会带来巨大的运维成本，数据迁移也将变得十分复杂。因此，账本的可扩展性问题逐渐引起行业重视。

（二）区块链互操作性

区块链技术在发展早期聚焦在各个独立链自身的技术创新与生态建设，网络逐渐被拥有特定利益的子群体隔离。在当前多链并存的情况下，区块链的互操作性由于可以带来价值自由流动，促进链间协同工作，是区块链向着网络效应规模化发展的强力推手，因此，逐渐成为应用需求的新热点。

区块链的互操作性是指不同链间可以执行原子性交易，交易涉及的数据可以被访问、验证以及使用。对于不同链间的互操作性，当前业内存在另一个更加通俗易懂、被广泛引用的名词——“跨链”。“跨链”关注不同链之间的交换信息，按照交换信息的种类拆分为加密资产互操作与状态事件互操作；若将范围扩大，区块链链上世界与链外现实世界之间同样存在交换信息的需求，由于区块链本身是封闭的、确定性的、自洽的系统，完全与现实世界隔离，因此链上链下的互操作同样重要。结合链间与链上链下的互联互通，最终区块链网络可以支撑应用层系统互操作功能，有利于加大网络效应。

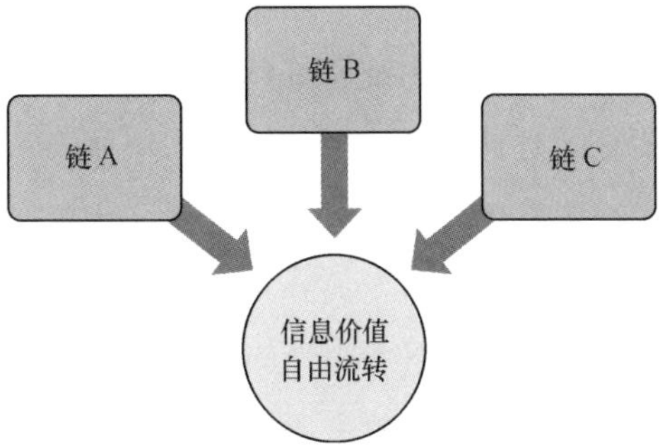

图 23 区块链的互联互通

常见的链间互操作性主流技术包括哈希时间锁定、公证人机制、侧链与中继链等。应用场景逐步从双链资产互通过渡到多链间全状态的自由流通。虽然当前区块链的网络效应初显，但仍需要技术上针对相关组件进行趋同化设计，同时需要提升应用层交互的用户体验，增进链上与链下现实世界互操作性的认知。区块链互操作性目前处于技术发展早期，随着从业者的持续研究，将会加速技术的不断突破，带来应用的不断迭代与创新。

（三）区块链隐私保护与安全

通常情况下，区块链上的数据是所有参与方都公开可见的，但是在大量商业场景中，数据的暴露不符合业务规则和监管要求。因此，需要通过研究链上隐私保护技术来实现对数据的安全可控。

一个完美的具备隐私性的系统中，每笔交易的信息都仅被参与这笔交易的双方知道，而且他们除了这笔交易以外不能从中获得任何其他信息。传统的现金交易方式可以实现非常高的隐私性，在银行转账和电子支付等方式下发生的每笔交易对于银行与相关机构来说都是可见的，必须依赖于中心化机构的自律来保证用户的隐私性。

区块链隐私保护目前主要从密码学和工程学两个方向推动。对于公有链，既需要对交易数据、地址、身份等敏感信息进行保护，同时又要保证记账节点验证交易的合法性。相比一般通过密码学的方法来保护隐私，例如环签名、盲签名、机密交易、零知识证明等算法，联盟链则兼顾两者，通过结合密码学手段，如安全多方计算，在工程学上采用如隐私交易、多子链实现账本隔离等方式，注重提升效率，节约计算资源。联盟链还需考虑可监管性与授权追踪。

随着理论研究的深入，区块链安全性问题逐渐显露。尽管区块链在底层技术上提供了可靠的安全保障，但攻击者仍能从区块链系统中找到漏洞并进行攻击。目前区块链的应用发展迫切地需要系统的安全性研究，利用多种技术措施，在账本数据、密码算法、网络通信、智能合约、硬件等方面采用技术措施保障区块链安全。

图 24　区块链隐私保护与安全

（四）区块链治理

区块链治理是保障区块链网络能够稳定运行的基础。随着时间和环境的变化，区块链最初的设计与规则可能不再能满足当下的需求，为了更好地适应环境，区块链系统需要不断地优化和升级。但由于区块链去中心化、多组织成员参与的特点，成员利益不同，区块链协议与代码规则在修改和升级的过程中往往会出现各种分歧，严重的情况下会导致网络无法正常运行，造成分裂。因此，设计合理高效的治理架构有助于减少网络分裂和混乱的发生，可帮助提升软件的更新迭代效率，让区块链协议适应不断变化的环境，提高社区成员的参与度。

图 25　区块链的治理

对于公有链来说，治理生态通常由四种角色组成：区块链协议开发者、矿工、上层应用开发者及用户。参与者们均有着不同的利益诉求，协调参与者的利益诉求十分重要。一个成熟的区块链生态，应该是参与多方各自独立、相互制约制衡，没有一方具有绝对的权利。虽然任何一方都无权单独进行决策，但参与方通过行使各自的权利不断博弈，最终达到动态平衡。公有链的治理可以划分为链上治理和链下治理两个部分。链上治理是指网络升级迭代的协商决策过程是完全嵌入在区块链系统内部，用一套自动化的机制完成的治理方式；链下治理是指决策过程不发生在区块链系统之上的治理模式，其治理基础是围绕着开源社区和基金会开展。但当前公有链治理，各参与方在系统设计理念、链规则设定等方面存在理解偏差，造成消息不对称等情况出现，容易带来投机与炒作。

对于联盟链来说，多方参与分工协作的同时，需要确保各方在链冷启动与链执行过程中职责分明、各司其职。联盟链高效治理可以增强多方在业务协作上的公平性，一般情况下分为用户体系与权限管理、链冷启动治理以及链运行时治理等。当前链冷启动阶段大多采用超级管理员牵头主导的方式，但对于链执行过程中如何合理地实施智能合约的民主升级、链规则的安全修改、节点的自由伸缩等，将会成为联盟链未来重点探索和完善的方向。

七、融合发展，区块链与新一代信息技术

区块链技术将传统人与人、人与制度的信任转化为人与机器的信任，创造性地扩大了信任的范围，降低了信任的成本，进一步推动了人类信任客观化的进程。但区块链技术本身也是由“人”设计和打造的，特别是涉及链下数据交互的部分，更是区块链信任无法覆盖的部分。

因此，区块链技术要与大数据、物联网、人工智能等新兴技术深度融合发展，才能真正建立起更大范围的数字可信体系。同时，区块链技术也可为这些新兴数字技术赋能创新发展。

（一）数链融合，促进数据共享

当今社会，数据已经成为比肩石油的基础性关键战略资源，正在颠覆各个行业的发展模式。随着大数据产业市场规模的迅速扩大，大数据的开放共享、交换流通成为趋势。

区块链技术作为一种新型的数据管理技术，有助于打破数据孤岛，形成一个开放的数据共享生态系统。在大数据领域里，数据的流通是释放数据价值的关键环节。然而，数据流通也伴随着权属、质量、合规性、安全性等诸多问题，这些问题成为了制约数据流通的瓶颈。区块链作为一种不可篡改的、可追溯的数据库，特别强调透明性、安全性，可有效解决当前大数据遇

到的问题，形成关键信息的完整、可追溯、不可篡改和多方可信任的数据历史。

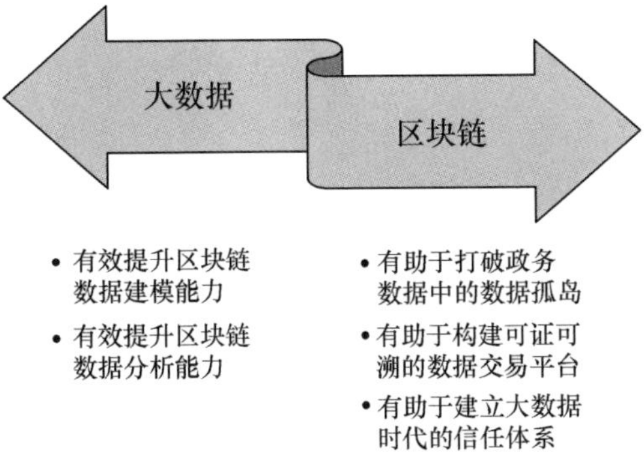

图 26 大数据与区块链

从概念上讲，在基础的数据流通中只存在数据供方和数据需方这两类角色，数据从供方通过一定手段传递给需方。然而，由于数据权属和安全的需要，不能简单地将数据直接进行传送。数据流通的过程中需要完成数据确权、控制信息计算、个性化安全加密等一系列信息生产和再造，形成闭合环路。区块链技术中多个计算节点共同参与和记录，相互验证信息有效性，既进行了数据信息防伪，又提供了数据流通的可追溯路径。业务平台中授权和业务流程的解耦使数据流通中的溯源、数据交易、智能合约的引入有了实质性的进展。

在区块链搭建的数据交易平台上，数据提供者在完成数据确权的基础上，交由系统完成真实性、完整性与有效性的验证，并形成去中心化的数据列表，供所有节点查阅、下载与应用。当数据交易双方达成合作时，交易信息将被上传至区块链，被系统记载并告知所有节点，交易信息将被所有节点记录与保存，以保证交易的安全与可靠。在此基础上，区块链上所部署的智能合约也将使数据交易更加智能。根据交易双方的合作意愿，以代码形式存在的合约将在条件满足时自动执行，以实现数据的买卖、租赁、借用、交换等。

区块链精细化管控大数据授权范围。区块链以其可信任性、安全性和不可篡改性，使更多数据被解放出来，推进了数据的海量增长。区块链的可追溯特性使得数据采集、交易、流通以及计算分析的每一步记录都可以留存在区块链上，使得数据的质量获得前所未有的强信任背书，也保证了数据分析结果的正确性和数据挖掘的效果。区块链能够进一步规范数据的使用，精细化授权范围。脱敏后的数据交易流通，则有利于突破信息孤岛，建立数据横向流通机制，并基于区块链的价值转移网络，逐步推动形成基于全球化的数据交易场景。

（二）物链融合，实现互联互通

物联网近年来的发展已渐成规模，但在其长期发展演进过程中也仍然存在许多需要攻克的难题。在设备安全方面，缺乏设备与设备之间相互信任的机制，所有的设备都需要和物联网中心的数据进行核对，一旦数据库崩塌，会造成整个物联网系统的瘫痪。在个人隐私方面，中心化的管理架构无法自证清白，个人隐私数据被泄露的事件时有发生。在扩展能力方面，目前的物联网数据流都汇总到单一的中心控制系统，未来物联网设备将呈几何级数增长，中心化服务难以承担，物联网网络与业务平台需要有新型的系统扩展方案。在通信协作方面，全球物联网平台缺少统一的技术标准、接口，从而使得多个物联网设备彼此之间通信受到阻碍，并产生多个竞争性的标准和平台。在网间协作方面，目前，很多物联网都是运营商、企业内部的自组织网络。涉及跨多个运营商、多个对等主体之间的协作时，建立信用的成本很高。[①]

区块链技术具有的多方写入、共同维护、账本公开、分布式和难篡改等特点，为解决数以亿计物联网设备的联通、认证、协作问题带来了可能性。

---

① 中国通信标准化协会：《“物联网＋区块链”应用与发展白皮书（2019）》。

物联网助力区块链建立数据共识共享。物联网作为在互联网基础上延伸和扩展的网络，其中每个设备生成自己的唯一公开密钥，通过应用智能感知、识别技术与普适计算等计算机技术，实现信息交换和通信，这样的网络结构特征正好可以满足区块链系统的部署和运营要求。

物联网天然具备分布式特征，网中的每一个设备都能管理自己在交互作用中的角色、行为和规则，对建立区块链系统的共识机制具有重要的支撑作用。此外，基于区块链的智能合约可以规范数据交换和共享规则，为物联网数据共享提供了一种去中心化的、安全的、高效的、低成本和扩展性强的分布式框架。

区块链结合物联网实现设备自我治理。根据国际咨询机构 Gartner 统计，2015 年全球的物联网设备数量已达到 49 亿台，2020 年将达到 250 亿台左右。随着物联网设备数量的增长，如果以传统的中心化网络模式进行管理，将带来巨大的数据中心基础设施建设投入及维护投入。此外，基于中心化的网络模式也会存在安全隐患。区块链的去中心化特性为物联网的自我治理提供了方法，它可以帮助物联网中的设备理解彼此，并让其中的设备知道不同设备之间的关系，实现对分布式物联网的去中心化控制。物联网设备不需要依靠任何中心控制，进一步保障了用户安全及隐私。

总起来说，区块链与物联网技术结合，有以下优势：

降低成本：区块链“去中心化”的特质将降低中心化架构的高额运维成本；

隐私保护：区块链准匿名和数据加密的特点，将增强用户信息和数据信息的隐私安全性；

设备安全：身份权限管理和多方共识有助于识别非法节点，及时阻止恶意节点的接入和作恶；

追本溯源：数据只要写入区块链就难以篡改，依托链式的结构有助于构建可证可溯的电子证据存证；

网间协作：区块链的分布式架构和主体对等的特点有助于打破物联网现

存的信息孤岛桎梏，以低成本建立互信，促进信息的横向流动和网间协作。[①]

（三）智链融合，协同促进发展

人工智能是一种引发诸多领域产生颠覆性变革的前沿技术，当今的人工智能技术以机器学习，特别是深度学习为核心，在视觉、语音、自然语言等应用领域迅速发展，已经开始像水、电、煤一样赋能于各个行业。人工智能可以理解为用机器不断感知、模拟人类思维的过程，使机器达到甚至超越人类的智能。通常认为，人工智能应用具有自学习、自组织、自适应、自行动的特点，有近似生物智能的效果。

人工智能机器学习技术一般分为训练（Training）和推断（Inference）两个阶段。在训练阶段，机器需要读取大量的训练数据（类似人类的经验），经过大规模的训练（计算）生成一个模型（类似人类学习得到的技能）；在推断阶段，机器利用训练得到的模型预测新数据的结果。可以看到，在模型的生产过程中，算法、算力和数据是最为重要的三个因素，因此也被誉为人工智能发展的“三驾马车”。

在算法层面，由于人工智能产业算法门槛极高，而实际市场需求又很大，造成当下的算法仅能满足少数企业的需求；同时，开发个性化的产品又有很高的技术壁垒和资金壁垒，小企业独立开发难度极大。而利用区块链分布式协作的特性，可搭建发布机器学习任务的平台，利用群体智慧优化人工智能算法，算法可由多个人工智能专家更新维护。此外，基于区块链技术可构建算法交易市场，将允许用户在平台上发布任务、购买算法模型，在保证知识产权和隐私的条件下，激励了开发者并大大降低了 AI 使用门槛，重塑了人工智能商业生态。

在数据层面，人工智能产业仍存在流通不畅、数据质量良莠不齐和关键

① 中国通信标准化协会：《“物联网＋区块链”应用与发展白皮书（2019）》。

数据集缺失等问题。如人工智能数据集主要集中在政府和大公司手里，受制于监管、商业门槛等问题，数据无法有效流动；部分有价值数据，如监控、电话客服等数据目前没有合法渠道获得。区块链技术则能够帮助各机构打破“数据孤岛”格局，促进跨机构间数据的流动、共享及定价，形成一个自由开放的数据市场，让人工智能可以根据不同用途、需求获取更加全面的数据。

八、区块链产业发展状况

（一）全球区块链产业现状

当前，各国区块链产业的发展阶段和发展特色各有不同，鼓励技术与政策监管各有侧重。多数国家重视区块链技术在实体经济中的应用，部分国家对加密货币明确了监管政策。例如，澳大利亚、韩国、德国、荷兰、塞浦路斯、阿联酋、马耳他等国积极发展区块链产业，制定了产业总体发展战略；美国、中国、韩国、英国、澳大利亚及欧盟重视区块链技术研究与应用探索；与此同时，中国及澳大利亚、法国、瑞士、芬兰、列支敦士登等国家已经陆续制定了区块链监管方面的法规。2019 年 9 月 18 日，德国政府审议通过并发布了区块链战略，明确了五大领域的行动措施：在金融领域确保稳定并刺激创新；支持技术创新项目与应用实验；制定清晰可靠的投资框架；加强数字行政服务领域的技术应用；传播普及区块链相关信息与知识，加强有关教育培训及合作。

1. 全球应用现状

在应用落地方面，区块链正向多领域延伸。2019 年以来，区块链在各领域应用落地的步伐不断加快，正朝贸易金融、供应链、社会公共服务、选举、司法存证、税务、物流、医疗健康、农业、能源等多个垂直行业探索应用。由全球各国政府推动的区块链项目主要涉及金融业、政府档案、数字资产管理、投票、政府采购、土地认证、不动产登记、医疗健康等领域。2019年6月18日，脸书（Facebook）牵头发布全球数字加密货币项目天秤座（Libra）的白皮书，天秤座将作为一种简单、无国界的货币和金融基础设施，为数十亿人提供无国界、低成本、普惠的金融服务。天秤座项目一经宣布就引起了全球各界的关注与讨论，各国监管部门先后发声，显示出区块链技术在重塑全球金融基础设施方面的巨大潜力。

2. 全球产业概况

从行业发展看，区块链技术正在走向融合，这使得区块链产业逐渐走向细分。按照区块链产业上下游结构，区块链产业自下而上可以划分为四类：底层基础设施及平台开发、技术扩展及通用型服务、行业应用、产业周边服务。相应的产品归属，可进一步细分为链、客户端、应用等不同类型。继以数字货币为代表的区块链1.0之后，区块链2.0所加入的智能合约等相关技术基础已具备承载部分垂直行业应用及通用应用开发的能力。随着区块链革新升级，与云计算、大数据等前沿技术深度融合、集成创新，区块链技术将

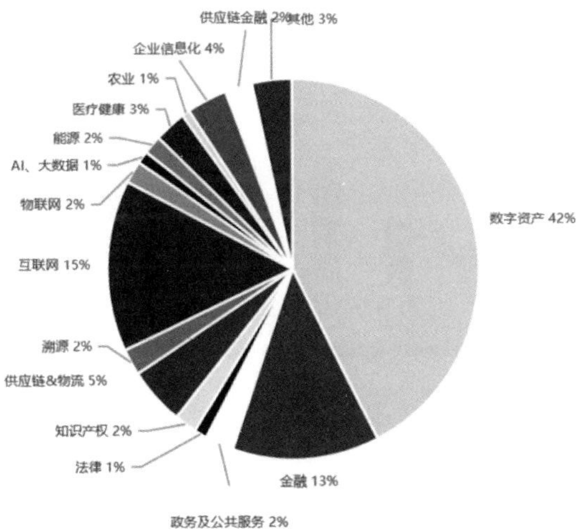

图27　全球区块链企业分类

数据来源：中国信息通信研究院，2020年4月。

加速在医疗、司法、工业、媒体、游戏等各个细分领域的商业应用。区块链“脱虚向实”趋势明显，行业生态链已经初步成形，正在从各个领域助力实体经济高质量发展。

在产业规模层面，截至 2019 年 3 月，全球共有 1833 家公司活跃在区块链产业生态中。美国、中国、英国的区块链企业数量分列前三位；加拿大、新加坡、瑞士等国由于相对宽松的产业监管环境，区块链企业增长较快。继 2017 年区块链初创企业数量迎来高峰之后，2018 年新增企业数量大幅减少。区块链企业中 40%从事加密货币相关领域，48%从事区块链技术研发和行业应用。2019 年新增区块链企业数量降至 48 家，比 2018 年有较大幅度下降。自 2018 年起，新增区块链企业呈现减缓趋势。我国产业支持类的区块链公司占比较高，而美国、英国的区块链技术研发及应用类型的区块链公司比重较高。在城市分布方面，北京是全球拥有区块链企业最多的城市，伦敦、旧金山、纽约分列第 2、3、4 位；同时，深圳、上海、杭州排名也较为靠前。

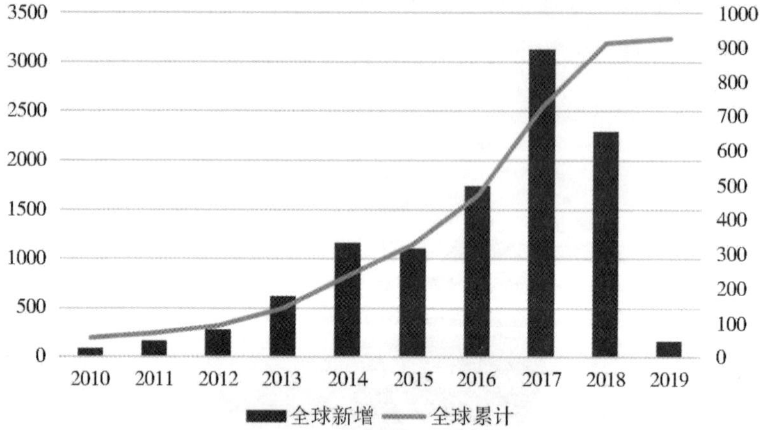

图 28 全球区块链企业增长趋势

数据来源：中国信通院数据研究中心依据，2020 年 4 月。

3. 开源情况分析

越来越多国外公司开始加入区块链源代码的开发和贡献中，根据 GitHub

平台数据显示，从 2010 年各个公司开发的区块链项目占所有项目的比例不超过 1%，到 2017 年各个公司开发的区块链项目占比达到 11%，形成了围绕比特币（Bitcoin）、以太坊（Ethereum）、超级账本（Hyperledger）、瑞波（Ripple）等多个核心开源平台的公司及个人合作开发生态，同时国际上多个区块链行业联盟也应运而生，例如 R3 区块链联盟（Corda）、Linux 基金会支持的超级账本 Hyperledger 区块链联盟、企业级以太坊联盟（EEA）等。

开源方面，越来越多国外公司开始加入区块链源代码的开发和贡献中。在开源代码的贡献方面，美国引领了跨链互操作、多方安全计算、预言机、数字身份、隐私保护、智能合约语言等领域的技术走向。中国也出现了百度的超级链、京东的 JD Chain、微众银行的 FISCO BCOS 等自主技术平台，但国际影响力较为有限。

行业组织方面，企业积极参与，合力推动技术进步和应用。经中国信息通信研究院统计梳理，美国、中国、欧盟、日本等国家或地区已成立 14 个区块链联盟/行业协会，一类为专注于技术推进的行业组织，如 R3、HyperLedger、Enterprise Ethereum Alliance；另一类为关注行业应用的行业组织，如区块链运输联盟、金链盟、版权区块链联盟等。其中，成员数量最多的分别是 R3 Corda、区块链运输联盟、可信区块链推进计划。不同行业组织之间拥有较多数量的“公共成员”，说明各个组织间可能存在着合作、竞争、互补等方面的关系，吸引着成员企业同时参加。部分企业积极参加各类行业组织，推动区块链产业及技术发展，比如微软、华为、京东、Accenture 等。

4. 标准化现状

区块链技术标准将成为加速推动整个区块链产业发展的突破口，然而各方对区块链标准体系尚未达成共识。正如英国标准协会与兰德公司 2017 年联合发布的《分布式账本与区块链标准所面临的挑战、机会与展望》报告中所述，可信安全已经成为区块链技术标准未来发展的关键要素。当前，我国正在积极推动区块链产业透明度，构建包含可信区块链标准在内的标准化体系建设。经过长期跟踪研究，结合在云计算、大数据等方面已有的标准化思路，中国信息通信研究院提出了国内首个可信区块链系列标准，在中国通信标准化协会（CCSA）启动 9 项行业标准。

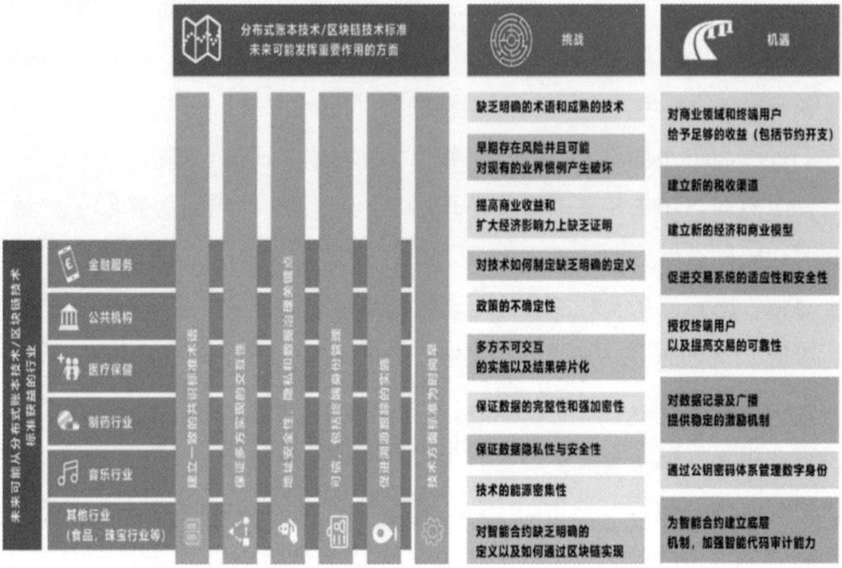

图 29　区块链标准 SWOT 分析

资料来源：BSI &RAND Europe.

国际电信联盟（International Telecommunication Union，ITU）为联合国下属的 ICT 标准化专门机构，国际电信联盟标准化局（ITU-T）于 2017 年初就启动了分布式账本与区块链标准化研究工作。2017 年 10 月，在中国及俄罗斯、韩国、瑞士等国的支持下，ITU-T 正式成立了分布式账本技术焦点组，由中国专家担任主席，开始在术语、生态、用例、架构、评测、安全、监管等方面进行全面研究，2019 年 8 月完成了第一期研究成果，输出了 8 份研究成果，为区块链国际标准化奠定了坚实基础，起到了主导作用。除了针对区块链开展标准化总体研究外，2018 年以来，ITU-T 还先后在第十六、第十七研究组设立了专门课题组，第十三、第二十研究组也启动了与分布式账本相关的国际建议书制定工作，目前总计启动了《分布式账本技术总体需求》《分布式账本技术术语》《分布式账技术参考架构》《分布式账技术评价准则》《分布式账技术安全需求》等 20 多个国际建议书，多个项目即将进入报批阶段。

2016 年 9 月，国际标准化组织（ISO）成立了区块链和分布式记账技术委员会（ISO/TC 307），截至 2019 年 10 月，已有 43 个参与国和 13 个观察国，成立了 6 个工作组和 1 个研究组，涉及基础、安全和隐私保护、智能合约、治理等方向，主要由英国、法国、美国、澳大利亚等国家的专家担任牵头人。此外，万维网联盟（W3C）、电气和电子工程师协会（IEEE）、国际互联网工程任务组（IETF）等组织也在积极关注区块链的标准化问题。

（二）我国产业现状分析

1. 我国政策梳理

近几年来，我国各地积极出台相关政策，侧重点更加明确，具体规划更为清晰。2019 年至 2020 年第一季度，各级政府部门涉及区块链技术的文件达到 73 份，远高于 2017 年和 2018 年。其中 26%的文件突出加强区块链技术创新以及出台措施鼓励区块链产业发展；74%的文件鼓励区块链技术应用与实体经济发展紧密结合。2019 年两会期间，各地代表提交的区块链相关提案、观点多达 30 余条，显示出全国各地对于区块链技术的关注。据统计，截至 2019 年 5 月，包括北京、上海、广东、江苏、浙江、贵州、山东在内的 30 多个省市地区发布政策指导文件，开展区块链产业链布局。2018 年各城市出台专项政策，其基本思路主要是“筑巢引凤”，以培育区块链产业生态，但区块链扶持政策较为同质化。通过 2018 年的项目试水、政策效果反馈，2019 年各地政府对待区块链的态度更加严谨、务实，聚焦于如何将区块链技术与地方特色相结合，寻找实际落地场景，在服务经济社会发展中发挥作用。截至 2019 年 5 月，全国已成立区块链产业园共计 22 家，杭州、广东、上海等沿海城市占比过半，其中 20 家为政府主导或参与推进。在应用领域方面，政务民生类应用项目数量显著增多，司法存证、税务、电子票据、产品溯源等其他领域稳步发展。

表 2 我国各省市区块链项目梳理

省/市	项目时间	项目内容
北京	2018.6	国家工信安全中心发布电子数据保全平台，利用区块链进行验证和追溯。
	2018.12	北京顺义区住建委上线“棚改项目全生命周期智慧监管信息平台”，运用大数据、区块链技术使棚改项目更规范、更高效、更安全。
	2018.12	北京互联网法院“天平链”在京正式发布。“天平链”是由工信部安全中心、百度等共建的区块链电子证据平台，联合鉴定中心、公证处等 17 个单位作为节点，接入包括百度图腾在内的 24 个应用，节点数和应用量均列国内司法行业首位。
	2019.1	百度运用区块链等技术将北京海淀公园升级改造完毕，推出了全国首个 AI 公园。
	2019.4	北京市海淀区基于区块链等技术在二手房交易和京籍存量房交易等场景实现了“不动产登记＋用电过户”多项业务同步办理。
	2019.6	北京经济技术开发区“基于区块链的开发区政务大数据平台”项目完成招标。该平台为建设智慧城市提供了基础构件，将在年底前投入使用。
杭州	2018.3	中钞信用卡产业发展有限公司杭州区块链技术研究院发布络谱区块链登记开放平台，致力于基于区块链技术，建立数字身份、可信数据、数字凭证，实现可信协作。
	2018.9	杭州互联网法院运行的司法区块链系统正式上线，已经接入公证处、司法鉴定中心等多个节点。该链系统是杭州互联网法院作为节点加入阿里巴巴旗下蚂蚁区块链建立的联盟链实现的。
	2018.9	杭州市江干区法院召开杭州大世界五金城有限公司第一次债权人大会，此次会议的在线投票数据均写入络谱区块链登记开放平台。
	2018.12	中国移动杭州分公司与杭州市政府合作，共同建设了基于区块链技术的“中小学直饮水系统”工程。
	2019.1	杭州市西湖区检察院与蚂蚁区块链共同研发检察区块链取证设备并投入使用。该设备融合了物联网和区块链技术，能自动生成取证报告并对电子数据的完整性、真实性进行区块链认证。
	2019.3	杭州地铁联合支付宝推出基于区块链技术的电子发票。
	2019.6	杭州互联网法院上线“5G＋区块链”涉网执行新模式。

续 表

省/市	项目时间	项目内容
浙江	2019.4	浙江区块链公证摇号系统上线测试，并于5月正式启动运营。
	2019.6	浙江省区块链电子票据平台上线，这是全国首个区块链电子票据平台。该平台由浙江省财政厅发起，应用支付宝的蚂蚁区块链技术共同推进，旨在优化用户就医流程。
上海	2019.2	上海市浦东新区人民法院在案件审理中采纳由司法联盟链IP360保存的电子证据，并将其作为审判依据。
	2019.3	上海市静安区体育公益配送服务项目“静安体育公益配送”平台正式上线。该平台引入了经认证的可信区块链系统，用于解决公益配送环节中的信用问题，保证配送资金的安全性、透明性。
	2019.4	上海第一人民医院和安徽省立医院腾讯互联网技术上线区块链电子病历，制定了统一的电子病历展现标准。
深圳	2018.8	全国首张区块链电子发票在深圳亮相。此次推出的区块链电子发票由深圳市税务局主导，腾讯提供底层技术和能力，是全国范围内首个“区块链＋发票”生态体系应用研究成果，得到国家税务总局的批准与认可。
	2018.9	“粤港澳大湾区贸易金融区块链平台”在深圳试运。
	2018.10	深圳首个“保税＋社区新零售”顺丰优选项目“丰溯Go”上线运营。“丰溯Go”依托区块链技术，搭建商品供应链全程溯源体系，解决了跨境商品身份认证的行业痛点。
	2019.1	深圳市推出了全市统一政务服务App——“i深圳”，利用区块链技术，打造区块链电子卡证平台。
	2019.3	北海渔村上线区块链电子发票产品，解决了商户税控设备及电脑管理中的痛点，是深圳税局首次基于POS机产生的电子发票产品。
	2019.6	深圳地区在全国范围内率先推出P2P网贷机构良性退出统一投票表决系统，该系统引入了区块链技术。

续 表

省/市	项目时间	项目内容
广州	2017.10	微众银行联合广州仲裁委、杭州亦笔科技基于区块链技术搭建的“仲裁链”上线。
	2018.2	广州仲裁委基于“仲裁链”出具了业内首个裁决书。
	2018.6	广州市黄埔区（广州开发区）税务局推出了广州首个“税链”区块链电子发票平台，致力解决纳税人发票使用中的痛点、堵点问题，构建发票管理开放性生态化的共治格局。
	2018.10	广州开发区的“政策公信链”是全国首个实现落地的区块链政策兑现平台，旨在提高政府政策兑现业务处理效率。
	2019.3	广州互联网法院“网通法链”智慧信用生态系统正式上线。该系统以区块链技术为基础，坚持“生态系统”理念，打造“一链两平台”新一代智慧信用生态体系。
	2019.4	广州市黄埔区新上线了商事服务区块链平台。黄埔区在全国首创“区块链＋AI”企业开办服务模式，该平台综合了黄埔区既有的惠企政策，打造了基于区块链的共享式登记网。
	2019.6	广州市中级人民法院智慧破产审理系统上线，该系统实现了全国首个破产审判区块链协同平台。
贵阳	2017.5	贵阳红云社区携手网录科技，搭建红云社区区块链助困系统，通过区块链平台实现精准扶贫、助残。
	2018.10	贵州省扶贫基金会搭建的区块链智慧公益平台正式上线，运用区块链技术的可溯源、不可篡改、数据加密安全等特征，实现公益活动过程中信息与行为的全流程存证和全周期追溯与审计。
	2019.1	贵阳清镇市积极运用区块链技术实现农村基层治理智能化、数字化。
青岛	2019.6	青岛市市北区运用区块链技术打造了“政务知识学习及考试平台”和“政务 KPI 考核平台”，在简化办事流程的同时将所有过程上链，以保证透明以及可追溯。
	2019.7	青岛市市北区计划打造政务的底层数据流通网络，在不改变上层现有的政务信息系统的情况下，实现政务多部门之间的数据快速联动与同步。

续　表

省/市	项目时间	项目内容
重庆	2018.2	重庆市江北区公安分局启动“社区民警智能名片”区块链应用项目。该项目搭建了基于区块链的三级身份验证系统，给民警佩戴防伪身份证二维码的智能民警联系卡。
	2018.6	重庆市渝中区发布基于区块链的智慧党建信息平台。
	2018.8	重庆市渝中区采用“区块链”模式建立贸易港企业主质量信用公示管理体系。
	2018.11	建立以区块链技术为核心的新型政务信息资源共享机制，探索运用区块链技术助推电子证照、电子材料、电子档案、电子签章的跨层级、跨部门、跨区域共享互认。
	2019.1	利用区块链技术进行食品药品监管追溯。
	2019.6	利用区块链建设的重庆市企业开办网上服务平台上线。
	2019.6	与支付宝合作的区块链政务服务平台上线。
	2019.3	重庆市工商局新注册登记的营业执照全部加入政务区块链，并发出了第一张基于区块链技术的电子营业执照。
佛山	2017.6	IMI 数字身份平台正式发布。该平台是依托于区块链底层技术构建的智慧多功能身份认证平台。
	2017.6	佛山市禅城区推出“智信城市”计划，这是基于区块链技术的创新应用成果，属于全国较早探索区块链政务应用的县区。
	2018.11	佛山禅城政府推出了“共享社区 App”，这是禅城创新“区块链＋共享社区”基层治理方式的最新实践。
	2019.1	佛山市禅城区计划启动“区块链养老服务”项目，使用区块链技术搭建数据共享和联动平台，从而完善服务管理机制。
	2019.4	佛山市禅城区教育局组织开展全区中小学生眼健康数字化管理暨“区块链＋视力”项目工作，实现儿童眼健康从筛查到治疗的全过程数字化管理。
	2019.6	佛山市禅城区启动全省首个“区块链＋疫苗”项目建设，打造“区块链＋疫苗安全管理平台”，使疫苗的流通全过程实现可视化监管，让疫苗更安全。
南京	2018.9	南京仲裁委员会宣布深度利用区块链技术，协同存证机构、金融机构、仲裁机构等对电子数据的存管，实现证据实时保全、电子送达、在线审理与裁决的网络仲裁平台上线运行。
福州	2019.1	福建省福州市与比特大陆合作，运用区块链技术共同打造福州“城市大脑”。
	2019.5	福州市永泰县通过建设环保生态综合监管区块链弹性数字云平台，实现了以信息化的方式助力生态综合治理。

续 表

省/市	项目时间	项目内容
海口	2018	海南省海口市上线运行全国首个区块链电子缴存证明平台。
	2019.7	海口市龙华区启动了海南首个“区块链＋志愿服务”项目，即通过建立区委宣传部、团委、民政、司法等部门与志愿服务工作的衔接机制，在志愿服务平台上实现互联互通。

数据来源：中国信息通信研究院。

2. 我国产业情况

行业分类方面，当前我国区块链创业企业的行业分布较为集中，主要集中在金融服务及企业服务方面，两者占比超过80%。金融服务领域主要包括跨境支付、保险理赔、证券交易和票据等。而企业层面服务主要集中在底层区块链架设和基础设施搭建，互联网及传统企业数据上链服务，包括数据服务、BaaS平台与电子存证服务等。从产业分布来看，我国区块链发展还处于探索早期，覆盖面和领域有限，但也出现了一些以区块链技术特性实现新商业模式的项目，如链上数据交易服务等新兴领域，其中，金融服务行业和企业服务依然是重点突破口。

公司数量方面，截至2019年底，我国区块链公司的数量达到了655家。同时，区块链企业融资数量快速增长，2018年第一季度融资接近2017年全年的一半。开始出现准独角兽公司，底层区块链企业A轮融资单次超过1亿元，区块链企业投融资进入快车道，其中融资额较大的区块链企业均来自供应链金融服务领域。

互联网巨头、传统IT企业、金融机构强势入局，进一步增强了产业实力，为产业发展注入新动力。国内互联网巨头及ICT骨干企业加快布局区块链产业，推出各自产品及应用案例，如百度、阿里、腾讯、华为依托自身云平台打造基于云计算的区块链BaaS服务平台，海尔、东软、迅雷、奇虎360等企业面向行业积极拓展区块链应用布局，在工业互联网、分布式系统、区块链安全等领域取得一定成果。各大银行纷纷加入，据不完全统计，有36家银行机构研发或部署了区块链系统。

表3　企业区块链产业布局一览表

（排名不分先后）

企业名称	主要产品	应用领域
北京奇虎科技有限公司	QBaas	情报共享、溯源存证、数字化营销、顾客信用系统
京东数字科技控股有限公司	智臻链	供应链、金融、公益、医疗健康、公共事务、数字版权、精准扶贫、电子商务基础设施、二手商品买卖、技术合作
中兴通讯股份有限公司	Zchain区块链平台、ZchainBaaS平台	电信、政企、政务、区块链服务
联动优势科技有限公司	UChains底层链、BaaS云平台、供应链金融平台、保跨境理融资管理平台、金融虚拟仿真实验室、非银机构监管平台	供应链金融、跨境保理、教育教学、监管科技、医疗、司法、版权、通信、溯源、政务
腾讯科技（深圳）有限公司	区块链电子发票方案、至信链	电子发票、电子财政票据、司法存证，版权保护，电子证据保全
腾讯云计算（北京）有限责任公司	腾讯云TBaaS平台、鉴证链、数链通、融资易	区块链基础设施、司法存证、数据共享、供应链金融
上海保险交易所股份有限公司	保交链	保险行业及其上下游行业
华为技术有限公司	北京市大数据目录链系统、华能智链供应链服务平台	数字政务、可信税务、存证防伪、物流、供应链金融、商品溯源、医疗健康
百度在线网络技术（北京）有限公司	百度超级链	文化、司法、医疗、商品防伪、智慧城市、智能交通、能源电力
中国联合网络通信集团有限公司	BaaS平台，数据确权平台	区块链基础设施、数据共享
中国移动通信集团	区块链平台CMBaaS、区块链PKI系统	移动通信、物联网、互联网

续 表

企业名称	主要产品	应用领域
布比（北京）网络科技有限公司	Bubichain 区块链基础服务平台、壹诺供应链金融服务平台	数字资产、供应链金融、公示公证、多方数据安全共享等领域
杭州秘猿科技有限公司	自主研发企业级区块链底层开源框架 CITA	监管、溯源、存证、身份 KYC、供应链金融
杭州趣链科技有限公司	飞洛平台、飞洛印、Hyperchain 平台、BitXMesh 平台、BitXHub 平台、MeshSec 平台	数字资产、业务协作、存证溯源、数据交换
工银科技有限公司	工银玺链	区块链基础设施、BaaS、供应链及金融、数字政务、跨境贸易融资、跨境保函、商品溯源、普惠金融、电子存证、资金支付与监管等
北京金山云网络技术有限公司	金山云 KBaaS 平台、金山云金融服务平台	金融、政务、医疗卫生、溯源
普华商业集团有限公司	普华基础链、普华分布式数字身份系统、Pbaas 平台、智汇糖儿童成长教育系统、分布式可信云平台、企业数字化考核系统	互联网、教育培训、云服务、企业服务
西安纸贵互联网科技有限公司	信汇通、纸数魔方、纸贵信云、纸贵版权	供应链金融、数字城市、智慧医疗、金融监管、溯源、存证、电子政务、司法、文化娱乐
浙江蚂蚁小微金融服务集团有限公司	蚂蚁区块链平台	供应链金融、跨境汇款、可信存证、电子票据、财税发票、溯源、电子证照、数字政务、数字资产流转、智慧租房、医保快赔、公益慈善、版权保护、可信数字身份、物流金融、联合营销、联合风控
国网电子商务有限公司	电商链、央企电商联盟链、国网链	新能源云、电力交易、优质服务、综合能源、物资采购、智慧财务、智慧法律、数据共享、安全生产、金融科技

续　表

企业名称	主要产品	应用领域
东软集团股份有限公司	SaCa EchoTrust 区块链应用平台	医保结算、处方流转、医疗科研数据共享、疫苗溯源、双向转诊、保险理赔、数字身份认证、政务资源共享、一网通办、供应链管理、供应链金融
顺丰科技有限公司	大数据平台、数据灯塔、丰暴大屏、丰溯	供应链、金融、医药溯源、食品溯源、农业溯源、存证防伪、智慧城市、信息安全
江苏荣泽信息科技股份有限公司	荣泽区块链政务协同平台、荣泽区块链精准金融平台、RBC、RBAAS	智慧城市、营商环境优化、电子政务服务、普惠金融、智慧医疗、不见面企业开办

数据来源：中国信息通信研究院。

目前，区块链硬件、平台、应用、咨询的区块链产业链条初步形成。产业链上游主要包括硬件基础设施和底层技术平台层，该层包括芯片等硬件企业以及基础协议、底层基础平台的企业；中游企业聚焦于区块链通用应用及技术扩展，包括提供智能合约服务、信息安全、数据服务、分布式存储服务的企业；下游企业聚焦于服务最终的用户（个人、企业、政府），根据最终用户的需要定制各种不同种类的区块链行业应用，主要面向金融、供应链管理、医疗、智能制造等领域。产业链上中下游企业通过建设创新平台，提升技术能力和推动应用示范落地。区块链相关服务为产业链各个环节提供信息咨询、人才培训、产融结合服务，包括区块链媒体、社区、行情资讯等企业组织，其服务贯穿整个产业链的上、中、下游。

3. 区块链与新基建

2018 年中央经济工作会议明确指出，要加快 5G 商用步伐，加强人工智能、工业互联网、物联网等新型数字基础设施建设。2019 年中央政治局会议进一步强调，要抢抓数字经济发展机遇，加快布局新型数字基础设施。2020 年中共中央政治局常务委员会会议再次指出要加快 5G 网络、数据中心等新型基础设施建设进度。突如其来的新冠肺炎疫情给经济社会发展带来了前所未有的冲击，而对冲疫情不利影响，实现稳增长、调结构、扩内需，新基建是重要抓手。

2020 年 4 月 20 日，国家发改委首次就“新基建”的概念和内涵作出正式的解释。国家发改委高技术司提出，新型基础设施是以新发展理念为引领，以技术创新为驱动，以信息网络为基础，面向高质量发展需要，提供数字转型、智能升级、融合创新等服务的基础设施体系。在国家发改委明确的新基建范围中，区块链作为新技术基础设施被正式纳入新基建范围内。

可以看到，新基建的核心在于面向高质量发展需要，提供数字转型、智能升级、融合创新等服务的基础设施体系。在未来的数字经济中，数据的重要性越来越大。特别是数据成为我们未来的生产资料后，数据的安全性、所有权，都需提到更高的高度。区块链技术作为一种多主体之间的可信数据管理技术，将起到更大的作用。

区块链的连接能力、业务协同能力、生态建设能力，支撑起数字化企业和数字化政府建设在系统、数据、业务流程、金融财务、组织、生态中的互联互通，进而实现服务数字新生态的业务模式创新。

第二篇

应用篇

习近平总书记在中央政治局第十八次集体学习中强调，区块链技术的集成应用在新的技术革新和产业变革中起着重要作用。要把区块链作为核心技术自主创新的重要突破口，明确主攻方向，加大投入力度，着力攻克一批关键核心技术，加快推动区块链技术和产业创新发展。要抓住区块链技术融合，功能拓展、产业细分的契机，发挥区块链在促进数据共享、优化业务流程、降低运营成本、提升协同效率、建设可信体系等方面的作用，特别推动区块链在实体经济、民生领域、新型智慧城市建设与政务数据共享方面的应用。

一、实体经济

要推动区块链和实体经济深度融合，解决中小企业贷款融资难、银行风控难、部门监管难等问题。要利用区块链技术探索数字经济模式创新，为打造便捷高效、公平竞争、稳定透明的营商环境提供动力，为推进“供给侧”结构性改革、实现各行业供需有效对接提供服务，为加快新旧动能接续转换、推动经济高质量发展提供支撑。

（一）供应链金融

供应链金融是供应链系统在金融领域的一种应用，是上、下游企业与金融机构三者之间通过数据共享等机制，两两互信、彼此借贷，盘活资金流的一种方式。供应链金融（Supply Chain Financing）是近年供应链管理和金融理论发展的新方向，是解决中小企业融资难题、降低融资成本、减少供应链风险等的一个有效手段。21 世纪以来，供应链金融在全世界范围内得到了快速发展，面向不同行业、不同层次的各种融资模式、方法和产品大量涌现，对提高供应链的竞争力产生了非常积极的作用。

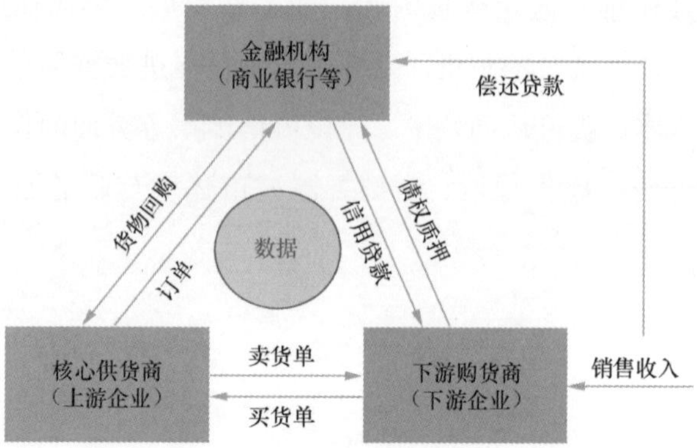

图 30　供应链金融示意图

在供应链金融活动中，金融服务提供者通过对供应链参与企业的整体评价（行业、供应链和基本信息），针对供应链各渠道运作过程中企业拥有的流动性较差的资产，以资产所产生的确定的未来现金流作为直接还款来源。运用丰富的金融产品，采用闭合性资金运作的模式，借助中介企业的渠道优势，为供应链中各个参与方提供全面的个性化的金融服务，同时提升供应链的协同合作效率，降低其运作成本。

1. 供应链金融实践中的痛点

随着供给侧改革和工业转型发展推进工作不断深入，中小微企业融资难、融资贵的问题逐渐凸显。为提高金融业服务能力，支持工业加快转型升级，国家各部委制定了一系列相关政策，鼓励供应链金融产业快速健康发展。然而在传统供应链金融业务开展过程中仍存在诸多问题与挑战，具体总结如下。

（1）供应链上存在信息孤岛。

同一供应链上的企业之间 ERP 系统并不互通，这会导致企业间信息割裂，全链条信息难以融会贯通。对银行等金融机构来说，企业的信息不透明意味着风控难度增大，这在一定程度上增加了融资企业和金融机构之间构建互信关系的难度。

（2）核心企业信用不能传递。

信息孤岛问题导致上游供应商与核心企业的间接贸易信息不能得到证明，而传统的供应链金融工具传递核心企业信用能力有限。银承准入条件比较高，商业汇票存在信用度低的问题，导致核心企业的信用只传递到一级供应商层级，不能在整条供应链上做到跨级传递。

（3）缺乏可信的贸易场景。

在供应链场景下，核心企业为可信的贸易背景做背书，银行通常只服务核心企业及其一级供应商的融资需求。而供应链上的其他中小企业没有实力证实自身的还款能力及贸易关系的存在，在现存的银行风控体系下，难以获得银行融资；相对地，银行也很难深入渗透到供应链各方进行获客和放款。整体来讲，可信的贸易场景只存在于核心企业及其一级供应商之间，缺乏丰富的可信贸易场景。

（4）履约风险无法有效控制。

供应商与买方之间、融资方和金融机构之间的支付和约定结算受限于各参与主体的契约精神和履约意愿，尤其是涉及多级供应商结算时，不确定性因素较多，存在资金挪用、恶意违约或操作的风险。

（5）融资难融资贵。

在目前赊销模式盛行的市场背景下，供应链上游的供应商往往存在较大资金缺口。但是，如果没有核心企业的背书，他们难以获得银行的优质贷款。而民间借贷利息成本往往很高，导致融资难融资贵现象突出。

2. 区块链针对供应链金融中的痛点的解决方案

传统场景下的业务痛点，正是区块链等新兴技术的施展之处。区块链是点对点通信、数字加密、分布式账本、多方协同共识等多个领域的融合技术，具有链上数据难篡改、可溯源的特性，非常适用于多方参与的供应链金融业务场景。通过区块链技术，能确保数据可信、互认流转，传递核心企业信用，防范履约风险，提高操作层面的效率，降低业务成本。区块链技术对供应链金融业务的助益主要表现在如下几个方面。

（1）解决信息孤岛问题。

区块链作为分布式账本技术的一种，集体维护一个分布式共享账本，使得非商业机密数据在所有节点间存储、共享，让数据在链上实现可信流转，极大地解决了供应链金融业务中的信息孤岛问题。

（2）传递核心企业信用。

登记在区块链上的可流转、可融资的确权凭证，使核心企业信用能沿着可信的贸易链路传递，解决了核心企业信用不能向多级供应商传递的问题。一级供应商对核心企业签发的凭证进行签收之后，可根据真实贸易背景，将其拆分、流转给上一级供应商，而在拆分、流转过程中，核心企业的背书效用不变，整个凭证的拆分、流转过程可溯源。

（3）丰富可信的贸易场景。

在区块链架构下，系统可对供应链中贸易参与方的行为进行约束，进而将相关的交易数据进行整合及上链，形成线上化的基础合同、单证、支付等结构严密、完整的记录，以佐证贸易行为的真实性。银行的融资服务可以覆盖到核心企业及其一级供应商之外的供应链上其他中小企业，在丰富可信的贸易场景的同时，大大降低了银行的参与成本。

（4）智能合约防范履约风险。

智能合约是一个区块链上的计算机程序，在满足执行条件时可强制执行。智能合约的加入，确保了贸易行为中交易双方或多方能够如约履行义务，使交易顺利可靠地进行。机器信用的效率和可靠性，极大地提高了交易双方的信任度和交易效率，并有效地管控履约风险，是一种交易制度上的创新。

（5）实现融资降本增效。

在目前的赊销模式下，上游供应商存在较大的资金缺口，对资金的渴求度较高，往往以较高的利息、较短的贷款周期从民间等途径获得融资。在区块链技术与供应链金融的结合下，上下游的中小企业可以更高效地证明自身贸易行为的真实性，共享核心企业信用，在积极响应市场需求的同时满足企业对融资的需求，从根本上解决供应链上“小微融资难、融资贵”的问题，实现核心企业的“去库存”的目的，并达到“优化供给侧”的目标，从而提高整个供应链上资金运转效率。基于区块链的供应链金融系统和传统供应链金融系统的对比情况，如表4所示。

表4　传统供应链金融与区块链供应链金融对比表

	区块链供应链金融	传统供应链金融
信息流转	全链条贯通	信息孤岛明显
信用传递	可达多级供应商	仅到一级供应商
业务场景	全链条渗透	核心企业与一级供应商
回款控制	封闭可控	不可控
中小企业融资	更便捷、更低价	融资难、融资贵

综上所述，区块链技术能释放核心企业信用，并将其渗透到整个供应链条的多级供应商，提升全链条的融资效率，丰富金融机构的业务场景，从而提高整个供应链上的资金运转效率。

3. 区块链在供应链金融中的主要应用

供应链金融的痛点问题包括如何保障交易真实性、降低高额的操作成本、提升市场覆盖率等。供应链金融的发展恰好赶上区块链发展的风口，二者的结合成为目前区块链技术应用的热点领域之一。区块链在供应链金融中的运用，主要基于加密数据的交易确权、存证的真实性证明、共享账本的信用拆解和智能合约的强制执行，最终，可以满足供应链上多元信息的相互印证与匹配，解决资金方对交易数据不信任的痛点。

（1）基于加密数据的交易确权。

区块链应用对供应链的信息化提出了更高的要求。目前，不少行业的核心企业和一级供应商/经销商，具有较好的信息化水平，但链条上其他层级的中小企业信息化程度却难以达到银行的数据标准，那么，当链条上不同主体采用不同类型的信息管理系统时，信息传递缺乏一致性、连续性，容易形成信息孤岛，难以获得有效的数据进行风险判断及管理，也难以核实交易的真实性。可见，区块链应用的前提之一，是全链的信息化。

区块链在资产管理领域开始显现出重要的应用价值，可实现各类资产的确权、授权，同时为交易监管带来实时性。区块链基于时间戳技术和难以篡改等特点，成为虚拟环境下知识产权保护的新方法。而有形资产，如存证、应收账款和数字资产，可以在虚拟环境下映射现实世界中的资产交易，例如对资产的授权和使用控制、产品溯源等应用。

区块链为供应链上各参与方实现资产权利的自动确认，形成难以篡改的权利账本，解决了现有权利登记、使用、维护过程中的痛点。以应收账款权利为例，通过核心企业 ERP 系统数据上链，实现实时的数字化确权，避免了现实中确权的延时性，对于提高交易的安全性和可追溯性具有重要的意义：一是可以实现确权凭证信息的分布式存储和传播，有助于提升市场数据信息的安全性和容错性；二是不需要借助第三方机构进行交易背书或者担保验证，仅依赖共识算法即可建立互信；三是可以将价值交换中的摩擦边界降到最低，在实现数据透明的前提下确保交易双方匿名，保护个人隐私。

（2）基于存证的交易真实证明。

交易真实性的证明要求记录在虚拟世界的债权信息中，必须保证虚拟信息与真实信息的一致性，这是开展金融服务、风险控制的基础。供应链金融需要确保参与人、交易结果、单证等是以真实的资产交易为基础。交易真实性证明，如果采用人工的手段进行验证，成本高、效率低下，难以满足实际需求。解决供应链金融的核心问题之一，是如何保证交易数据的真实性，需要在虚拟环境下，从动态的交易网络中实时获得各类信息，进行信息的“交叉验证”来检验交易真实性，这也成为供应链金融目前的关键技术之一。

信息交叉验证是通过算法来遍历并验证交易网络中的各级数据，包括各节点的计算机系统、社会信用系统（如税务、电力、银行等）等截取的数据，中间件、硬件（如 GPS、RFID 等）等获取的节点数据。验证的方式包括：①链上交易节点数据遍历，检验链上交易数据的合理性；②交易网络中数据遍历，验证数据的逻辑合理性；③时序关系的数据遍历，验证数据的逻辑合理性。通过以上三重数据交叉验证，形成由点到线，再到网络的交易证明系统，可全面检验交易真实性，最终获得高可信的信用计算结果。

应收账款的真实性形成，涉及交易主体、合同、行为等要素，其逻辑关系的真实性包括以下三点：

①交易主体的真实性，交易双方是否为真实、合法的主体；

②合同、契约的真实性，即合同、契约是否真实、合法，是否存在伪造合同、篡改合同、伪造签名、印章等情况；

③交易行为的真实性，即交易行为是否真实发生，交易行为是否按照合同约定执行，交易双方是否存在违约行为。如果合同是真实的，但没有发生真实的交易，其目的在于获取银行资金，则为虚假交易。真实的合同，也可能产生虚假的应收账款，例如，虚开交易单证或虚报交易金额以获得更多的贷款，为虚假的应收账款。

所以，以应收账款为信用管理的最小单元，具有合理性。线下开展业务时，需要对交易主体身份进行确认、对合同进行确认、对交易行为进行验证等，但签章的真实性、单证的真实性等受技术条件的限制，是产生风险的重灾区。

通过区块链、物联网、互联网与供应链场景的结合，基于动态的交易网络中实时获得的各类信息，多维度地印证数据，增强交易主体相关数据的可靠性，如采购数据与物流数据匹配、库存数据与销售数据印证、核心企业数据与下游链条数据的互通，可以减少信息不对称所造成的流程摩擦。

(3) 基于共享账本的信用拆解。

供应链金融的目标是对中小企业融资的全面覆盖，但目前大量的二级、三级等供应商/经销商的融资需求仍然难以得到满足。比如，某汽车制造商有十几万家供应商，但一级供应商只有100家，上游层层划分的十几万家供应商很难享受到供应链金融的服务。中小企业融资难、融资贵问题在供应链金融中只得到部分的缓解。

一般来说，一个核心企业的上下游会聚集成百上千家中小供应商和经销商。区块链技术可以将核心企业的信用拆解后，通过共享账本传递给整个链条上的供应商及经销商。核心企业可在该区块链平台登记其与供应商之间的债权债务关系，并将相关记账凭证逐级传递，该记账凭证的原始债务人为核心企业，在银行或保理公司的融资场景中，原本需要去审核贸易背景的过程在平台内就能一目了然，信用传递的问题可迎刃而解。

（4）基于智能合约的强制执行。

智能合约为供应链金融中的合约执行提供了自动化工具，高效、可靠、强制地执行合约，可缓解现实中合约执行难的问题。以物权融资为例，完成交货即可通过智能合约向银行发送支付指令，从而自动完成资金支付、清算和财务对账，提高业务运转效率，在一定程度上降低人为操作中存在的潜在风险。

4. 典型案例

趣链——飞洛供应链平台

（1）项目背景。

据数据显示，2020 年我国供应链金融市场规模为 15 万亿元左右，并且正以每年 5%以上的增长率在增长。供应链金融作为供应链系统在金融领域的一种应用，利用上下游企业与金融机构等供应链相关方之间的数据互通、两两互信，通过应收账款质押、货权转让等方式，对供应链上下游企业提供综合性的金融服务。供应链金融的融资模式主要包括应收账款融资、保兑仓融资、融通仓融资等，涉及的业务主体包含供应商、核心企业、保理商[①]、银行、仓储公司、物流公司、分销商等，在复杂的贸易环境下，弱势的中小微企业出现了融资难、融资贵、供应链信息不透明等问题。

① 保理商：指提供保理服务的金融机构，卖方将其现在或将来的基于其与买方订立的货物销售/服务合同所产生的应收账款转让给保理商（提供保理服务的金融机构），由保理商向其提供资金融通、买方资信评估、销售账户管理、信用风险担保、账款催收等一系列服务的综合金融服务。

以一家传统纸质包装厂为例，供完货留给核心企业的账期很长，有四个多月，加上要走一些复杂的手续流程，从供货到真实到账有半年的时间，这半年的时间里如果出现资金周转问题，对于小微企业来说无疑是一个巨大的打击。

图 31　某纸质供应商生产车间

在大环境的驱动下，基于多家银行和保理公司对应收账款的业务需求，同时结合趣链科技的区块链技术，综合打造了基于趣链区块链底层平台的应收账款管理 SaaS[①] 服务平台——"飞洛供应链"，以服务于供应链中各个业务主体，解决小微企业融资问题。平台功能包括在线应收账款开具、转让、融资、再融资等。上面提到的传统纸质包装厂（供应商）通过该平台向保理商或者金融机构提出融资申请并提前拿到货款，应收账款到期再由保理商向核心企业收取货款，这样一来，对于供应链而言，半年的账期缩短至小时，大大提升了小微企业提款效率。

飞洛供应链平台已产生了一定的社会影响，可以成为区块链在金融领域的范例，为其他基于区块链的应用提供了一定的参考和借鉴。

① SaaS：是 Software-as-a-Service 的缩写名称，意思为软件即服务，即通过网络提供软件服务。

图 32　某纸质供应商在线融资

（2）方案概述。

趣链科技推出飞洛供应链平台（https：//www. filolink. com），提供基于区块链的应收账款多级流转与融资服务，为核心企业、成员企业及其多级供应商提供了可流转的应收账款数字凭证。

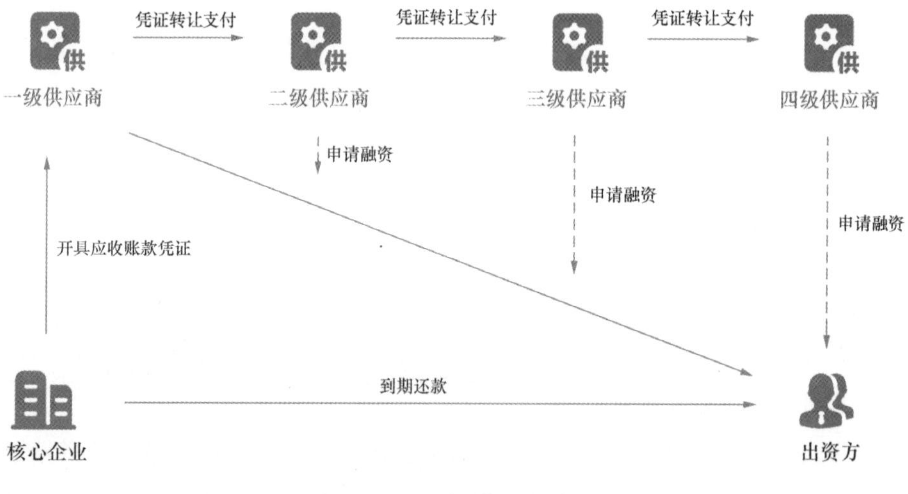

图 33　应收账款流程图

整个平台底层采用“数据库＋区块链”的双向可信存储以及微服务架构以适应多业务量场景，层级流转以人脸识别、短信认证等方式确保操作的真实性。在区块链的信用体系下，凭借基于核心企业信用的应收账款凭证，供应商可以便捷地将应收账款进行拆分、转让和融资，并有效惠及除一级供应商外的较难触及的末端供应商；核心企业的信用资源实现了有效的多级传导，通过引入外部出资方（保理商/银行），为供应商持有的应收账款提供低成本融资利率，并最终构建起优质资产和资金间的桥梁。

图 34　飞洛供应链首页

该应收账款平台涉及 4 大用户角色：供应商、核心企业、成员企业、出资方。用户间的应收账款流转操作及生命周期如图 35 所示。

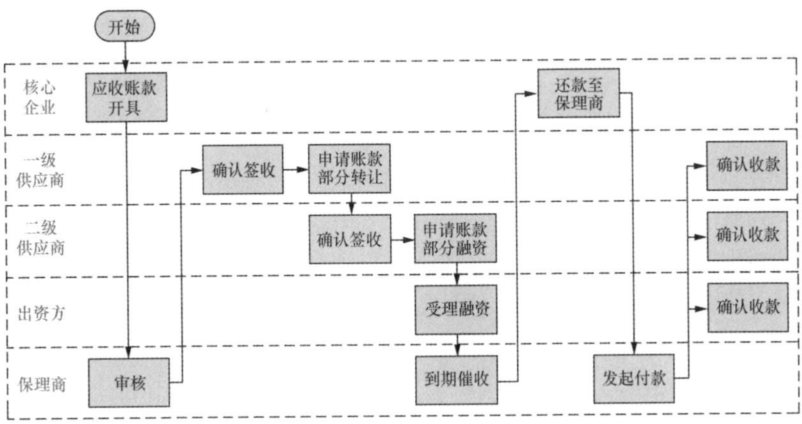

图 35　应收账款流转操作及生命周期

应收账款流转操作及生命周期：

①核心企业根据真实贸易下的应付账款向一级供应商开具应收账款数字凭证。

②保理商对开具的应收账款进行审核。

③一级供应商确认签收应收账款。

④若一级供应商谈判力相对较强，在进行相关贸易时，可以将账款全额或部分转让支付给其上游的二级供应商。

⑤二级供应商确认签收应收账款。

⑥若二级供应商有资金需求可以向保理商申请全额或部分融资，保理商受理融资后将相应的融资金额支付给融资方。

⑦在账款到期时，由保理商向应收款凭证签发方——核心企业发起催收，由核心企业进行还款。

⑧对于未融资的应收账款，保理商在应收账款到期时，依次支付相应金额给各级应收款凭证持有人。

（3）创新亮点。

就目前供应链金融中小微企业融资难、融资贵、产业链信息不透明以及核心企业信用堰塞等核心痛点，飞洛供应链所带来的创新及亮点如下。

①中小企业融资门槛、成本降低。

小微企业由于在供应链系统中影响力小，出现的资产负债率较高且银行无法有效识别企业发展潜力，抵押条件苛刻，资本市场准入门槛高，信用担保体系不健全等原因，普遍存在融资难、融资贵的问题。飞洛供应链平台利用区块链的不可篡改性以及一系列的授信风控推出可信的应收账款凭证，供应商利用凭证可以随时向资金端申请获取融资，从而降低了中小企业融资的门槛，加快了中小企业资金的周转效率，有效地扩大了其生产经营。

对于核心企业而言，供应商因生产需要资金支持时，则会找其他高成本的资产渠道，如民间借贷、P2P 等，这部分的成本会转嫁到核心企业（买方）的采购成本上，通过飞洛供应链平台则可以省去这部分无效成本。

②应收账款周期更灵活、更可控。

传统的应收账款模式中，核心企业在合同的制约下应付账款，无法有效利用应付周期带来效益。在飞洛供应链平台，利用区块链的分布式，通过多方协作，可以协调延长账期，例如将债权到期日设置成 ABS[①] 中证券端的时间，使得应收账款的剩余账期/债权到期日高度一致，使得核心企业更有动力发 ABS 获取收益。

③产业链条信息透明化。

在整个产业链中，各个参与企业间的 ERP[②] 系统并不完全互通，除了核心企业和一二级供应商外，其他中小企业的信息化程度较低，贸易信息无法做到实时共享，交易的真实性难以有效校验，这进一步增大了向金融机构获取授信支持的难度。飞洛供应链通过区块链分布式加密信息传递，在每一方部署一个节点，在每个参与节点保存一份全量账本信息，且各节点之间可通过区块链网络高效协同，将贸易操作信息实时共享且不可篡改。每一方的每一次操作都将记录在分布式账本中，可以通过平台的历史记录查看操作信息，让产业链条的信息透明化程度大大提升，同时也加强了对供应链体系的把控。飞洛供应链对接各家 ERP，减少了多方平台登录操作的复杂性，对于有条件的企业，还可以将货物运输的物流信息，收货确认信息上链，多方多环节确认，做到数据间的交互验证，极大地提高造假成本。

④核心企业信用有效传递。

核心企业有充沛的信用资源，但是在多级供应商模式中，传统的保理、应收账款质押、票据贴现等应收类供应链金融模式只能满足核心企业上游的一级供应商的融资需求，而核心企业的信用无法传递给一级之后的供应商，

① ABS（Asset-Backed Securitization）：是企业资产证券化的简称，是指将缺乏流动性但能够产生稳定、可预期、独立现金流的资产进行结构化重组，并以其作为基础资产发行可以在金融市场上流通的证券的金融工具。

② ERP（Enterprise Resource Planning）：是企业资源计划的简称，是指建立在信息技术基础上，集信息技术与先进管理思想于一身，以系统化的管理思想为企业员工及决策层提供决策手段的管理平台。

这些中小企业无法依托核心企业的信用进行融资。导致以上状况的原因有二：一方面是这些供应商的主体信用风险难以判断；另一方面是传统的应收票据和应收账款等流动资产作为信用凭证的操作方法局限较多，例如银票商票无法拆分、贴现门槛高且融资流程长、保理确权难。飞洛供应链有效地利用区块链的可追溯性，将应收账款数字化并支持应收款的自由拆分流转，整个流转过程可在平台票据管理中查看追溯该票据的来源，票据上层当时持有人，拆分过程，等等。平台通过企业授信的方式，结合人脸识别等风控模式，增强产业链的多方互信以及信用的多级传递。

⑤资金端的效益提升。

核心企业在有足够资金的情况下，可以提供资金给保理商等，作为供应商的融资渠道，从而参与融资利息的分润。核心企业因为要配合保理商、银行等做应收款的确权，则可以同保理商、银行协商获得一部分分润。

保理商基于强信用的核心企业的真实贸易开展业务，由于风险低，在对接银行或发行 ABS 产品时更容易获得市场认可。核心企业够强，在规模大、风险小的情况下可以同银行协商降低银行利率，降低保理商成本。同时为核心企业的供应商提供服务，为其一级、二级、三级直到 N 级的供应商提供服务，相当于批量获客。

银行可以以保理的角色直接提供保理服务，享受保理商的利益，这样不仅可以批量获取多级供应商的融资利息，同时还可获得批量的开户客户与资金沉淀。

（4）应用成果。

飞洛供应链是基于趣链科技自主研发的，以区块链底层技术打造的标准化、可拓展、低成本接入的供应链金融 SaaS 平台。飞洛供应链致力于服务广大供应链企业，为其提供多重增信，解决企业间互信、融资贵和融资难的问题。

飞洛应收款平台为浙商银行，西美保理公司为其提供服务，同时，自 2019 年 3 月运行以来，该平台已入驻企业超过 200 家，累计融资金额近 6 亿元。平台通过标准化数字资产凭证“金票”，实现应收账款的在线流转、融资和拆分。

飞洛供应链平台致力于打造具有广泛影响力的供应链金融平台，并通过区块链技术为供应链金融保驾护航。

5. 更多案例

工商银行——“一带一路”跨境贸易及沿线企业普惠金融服务平台

“一带一路”跨境贸易及沿线企业普惠金融服务平台以区块链技术为核心，依托首个基于区块链技术的银行无条件增信证明——工银 e 信，打造青白江铁路港“一单制”和中非保函的跨境双贸易链，为企业、贸易、产业链注入生生不息的自融金融服务力量，有效推进中国与中亚、非洲、欧洲等国家的经济贸易建设。

青白江铁路港“一单制”贸易链是中国工商银行自主研发的区块链技术平台，实现上链数据的安全输出与数据复用，对监管机构提供精准的风险识别手段，提高企业通关及结算效率，利用“一带一路”沿线境内四川分行与境外俄罗斯、法兰克福分行、陆港公司、进出口企业、监管部门等联盟参与方，在货单一单制数据对碰的基础上，发挥全融企业服务“一带一路”企业的作用，提供信用证、电汇托收、货单融资等多项金融服务，为金融机构提供“一单制”融资授信建模的数据支持，打造“一带一路”沿线跨境贸易生态圈。

中非保函跨境贸易链是利用区块链技术搭建工商银行与南非标准银行共享平台，实现电子保函信息实时传递，以及保函在线修改、索偿、撤销。传统跨境保函是通过纸质或者 SWIFT 渠道传递，时效性差，验真成本高。在保函贸易链上，实现保函可信交易和管理：电子签名，不可抵赖；多方监督，不可篡改；同时，实现跨境跨洲信息实时共享：信息电子化，技术保证共享数据一致性，可以最大程限地加快保函传递速率，降低保函传递成本和保函验真成本。

基于区块链的数字信用凭证——工银 e 信，是解决传统供应链金融信用传导的一大利器，为小微企业融资难，政府监管难，银行风控难找到了三方共赢的解决方案。基于区块链去中心化、防篡改、可追溯的技术特点，一方面，解决方案实现物流、信息流、商流、资金流数据上链，有效打破企业信息孤岛，保障数据真实可追溯。同时利用数据线上化、电子化，令供应链的信息化大大提高，流程更便捷。另一方面，通过智能合约属性融入供应链金融业务中，提升全链的运营效率和风控风机。智能合约可提供项目立项、业务审批、贸易融资、贷后管理、账款清算等，有效降低了传统资金拖欠和违约的情况。

腾讯微企链

在国家政策大力支持、亟待填补小微企业融资需求的背景下，腾讯主导并联同联易融搭建了微企链平台，打造了开放式供应链资产服务平台，实现了应收账款的拆分、流转与变现。该平台通过核心企业在区块链上对其应付账款进行确权后，形成数字债权凭证，应收账款通过区块链不可篡改、双重记账的方式流转至多级，穿透覆盖至长尾端供应商，提高小微企业融资可获得性，降低小微企业融资成本。

微企链还通过结合区块链技术、财付通支付、资产线上获取审核系统、腾讯小程序等金融科技，建立了全线上化操作的供应链金融开放平台，针对传统供应链金融中的痛点，打造了微企链平台。

资产端模块结合腾讯和联易融的金融科技能力，基于市场痛点，打造了具备远程获客、债权可拆、自动风控、秒级放款、闭环可视以及系统定制化等特色服务的资产获取模块，实现债权通过平台拆分、向长尾供应商流转以及变现的职能，降低了长尾供应商的融资成本，帮助金融机构触达小微企业、挖掘低风险高收益资产，满足了核心企业产业链管理诉求。

微企链平台引入多渠道资金，对接平台类标准化资产，实现全平台资金流与信息流闭环。资金方针对不同核心企业提供报价，在平台自主选择申请融资变现的供应商，通过接单、审核、签收放款三大环节完成全线上化封闭式融资服务，批量服务小微企业。目前已打通多资金渠道，与 19 家银行、多家信托和券商签署了战略合作协议。此外，微企链平台“N+N模式”已获批深交所100亿储架额度，进一步丰富了低成本资金来源。同时，腾讯与联易融共建的过桥资金已启用，真正实现了链上资产秒级放款，解决“短、小、频、急”的根本痛点。

微企链平台协同ABS平台模块，将资产导入、产品设计、资产池管理、机构审核、存续期管理与到期管理全流程线上化、透明化、可追溯化，实现平台资产与交易所的标准化对接。通过各方协同线上化留痕操作，帮助监管机构穿透底层资产、实现透明化管理，也帮助中介机构大幅提升操作效率，降低运营与人工成本。

可见，微企链平台通过全方位、线上化的一站式平台服务，结合腾讯金融科技能力的综合运用，实现类标准化应收账款资产的拆分、流转与变现，帮助批量且高效地服务小微企业、挖掘低风险高收益资产，降低操作风险与人工成本，提高风险管控能力，打通资金流与信息流在微企链平台的完整闭环。

（二）供应链管理

供应链是指在产品生产和流通过程中涉及的原材料供应商、生产商、分销商、零售商及最终消费者等成员通过与上游、下游成员的连接组成的网络结构；也即是由物料获取、物料加工并将成品送到用户手中这一过程所涉及的企业和企业部门组成的一个网络。一个完整的供应过程如图36所示，通常包括计划、采购、制造、交付、回收5个阶段。供应链协同管理是以提高供应链上参与各方的协同合作效率为出发点，展开一系列工作的统称。提高协同工作效率的关键在于如何在参与各方之间构建高效、可信、安全的信息共享平台，信息的充分共享、可信共享、实时共享可有效减少查验、复核等冗余的沟通过程，提升信任关系和效率，从而提高参与各方的协同合作效率。

1. 供应链协同管理中的痛点

购买原材料、生产产品、管理库存、运输、贸易是最广为人知的经济活动。随着复杂科技特别是信息技术的发展，经济活动不断在往数字化方向发展，以降低生产力成本、提高生产效率。与此同时，在如今以用户为中心快速变化的全球化时代，公司不再仅仅依靠自身能力，而是与供应链上的伙伴协作，快速应对市场变化，提高竞争优势，构建供应链生态网络。

这种协同通常发生于存在长期合作关系的供应链主体之间，双方或多方基于已有的信任关系进行信息共享，为各方主体的业务安排及操作带来便利，从而提高整个供应链的承载能力和运转效率，使各方主体在分享收益的同时共担风险。因此，信任是供应链协同的基础与前提，而供应链长链条、跨区域、高复杂度的特点决定了通过信息资源共享实现高透明度、高协同度的重要性。同时，信任与信息资源共享是协同目标制定与执行、激励机制安排、决策同步及协同绩效管理等具体协同实现的重要基础。

当下多数供应链节点企业之间相互独立，在供应链的业务流转过程中涉及供应商、主体企业、各级经销商、客户等多个主体。对一个业务较为成熟的企业来说，其供应链规模非常庞大，多个主体之间的活动因相互独立而难以管控。目前，因为缺少公信力足的第三方平台，所以参与主体不情愿公开自己供应链的交易信息，导致彼此之间信息闭塞、沟通不畅，信任关系脆弱。

具体来讲，分为以下几点：

（1）效率低下。

很多供应链上下游企业间的协作还存在人工干预的情况，它们往往通过电话、邮件、传真等低效率、无记录的手段来达成供应链的协同管理，导致企业间的协作成本高昂。

（2）企业信息化程度不高，缺少信息共享。

各企业之间信息化程度参差不齐，没法做到供应链上的相关信息在协作企业间共享。

（3）数据共享与隐私的矛盾。

存在不少供应链企业出于数据隐私和安全性的顾虑，不愿意与上下游企业做信息的共享、系统的互联互通。

（4）缺乏统一信息交互标准。

技术实力强的企业往往都是自建供应链管理系统，各家搭建的标准和字段规范千差万别，导致企业间的信息共享缺乏统一的标准，针对每家协作企业都需要制定特定的信息交互方案，从而使多家供应链企业间信息交互与共享的成本高昂。

（5）供应链协同理念尚未普及。

大型企业缺乏外包非核心业务专注打造核心竞争力的供应链思维，往往采用一体化的供应链管理方式，没有与中小企业形成有效的分工协作机制，对中小企业的带动作用有限。

2. 区块链针对供应链协同管理中的痛点的解决方案

供应链是典型的协同场景，是一个复杂的、多方参与的长业务链条，区块链的分布式存储、联盟组织内数据透明、防篡改等特性有助于解决产业供应链中的信息不对称和信息篡改问题。基于区块链的共识机制可构建去中心化的信任体系，帮助产业中的各方构建一个公开透明又能充分保护各方隐私的开放网络，打造现代化的产业供应链。

同时，通过智能合约控制各流程的运转，很大程度上优化了供应链协同流程的安全性及效率。此外，区块链在供应链质量追溯方面也有重要意义。

（1）区块链连接供应链协同各方主体。

供应链主体地理位置分散、难以交互的管理系统，提高了协同门槛和复杂度，极易导致供应链协同中的脱节。区块链作为分布式记账技术，天然契合供应链协同主体分散、复杂的特点，可以将供应链主体连接到一起，为协同实现提供高效的基础平台或工具。

（2）区块链为供应链主体带来安全可靠的协同环境。

区别于传统基于中心化主体进行信息资源共享的协同管理模式，基于区块链的分布式账本技术可以极大提高协同环境的安全性与可靠度，有效解决供应链协同中的网络攻击及不道德、欺诈等问题。同时基于区块链的智能合约以代码形式存在，可以实现合约条款的自动验证和自动执行，在信任、时间、成本、效率、风险控制方面给供应链协同带来重要影响。

（3）区块链强化供应链协同各方之间的信任关系。

共享信息的可靠性及数据管理的安全性影响供应链协同的效率。区块链基于分布式、节点间账本数据共享、数据可追溯不可篡改等特点，带来基于可信数据的全新信任体系，为信息共享与协同合作提供基础性信任工具，强化供应链协同主体之间的信任关系。区块链改变了传统供应链协同主体信息单向传递的模式，让信息的收集、验证、存储更加可信，让信息传递及使用更加扁平，信息共享更加便利，便于多节点、高复杂度的供应链协同，为供应链协同带来更高的信息透明度和可视度。

3. 区块链在供应链协同领域中的主要应用

（1）数据共享与信息可视化。

目前，供应链企业中心化系统（如 ERP 系统）只能在企业内部管理供应链信息，无法有效收集、管理供应链链条产生的每份数据。而基于区块链建立统一供应链协同平台，可以分布式记录产品在供应链流程中从原材料采购到最终产品销售整个流程中所有环节的痕迹，所有信息可以即时触达供应链网络中的各方主体，而无须通过可能影响信息质量和透明度的中间方参与，为产品和供应链流程带来更高的可视性和可控度，避免信息错误传递和不必要协调，供应链协同伙伴可以及时发现问题，及时了解供应链网络运转情况，作出提高供应链协同效率的更好决策。同时，基于透明可视化的共享账本进行供应链流程的整合，将进一步降低协同复杂度，优化决策同步流程，提高供应链协同效率。

（2）去中介化与数据安全。

区块链作为分布式共享账本，为去除复杂中间环节提供了基础——数据的完整性、一致性及可用性由整个网络保证，而非依赖中心化中介。区块链非常适合复杂流程中的协同，如国际贸易被认为是供应链实践中最复杂的环节，涉及工厂、内陆运输、港口码头、海关商检、承运人、发货人、收件人及保险公司、银行等大量的供应链利益相关者，大多数流程基于纸张单证，极易导致延迟并极大阻碍了货物的流动。区块链可以帮助实现纸质文件的数字化，并在网络参与方之间实时建立点到点的共享记录，存储和共享的数据是防篡改且防操纵的，数据的安全与准确性通过各节点服务器存储完整交易历史且可验证得以保证。去除复杂的纸质单证的背靠背传输及不必要的沟通等中间环节，可以极大地提高信息、资金、货物的协同流动效率。

（3）自动执行与高效协同。

供应链的复杂度导致各环节出现错误与不一致情况频繁发生，涉及单证问题、运输问题、价格条款、产品标准，并且极难跟踪供应链协同各方达成的共同目标执行情况和任务进度。而基于区块链的智能合约可以实现条款自动验证和自动执行，其判断基础是基于区块链上的公共记录，而非任何一方单独控制的数据，因此具备较高的可信度并将极大提高协同效率。供应链协同伙伴可以将激励机制、履约安排、风险指标侦测等转化为合约代码。当新记录输入时，智能合约自动检测相关条款是否满足，如提单、装箱单、运单、收货证明上各项数据的一致性及合约条款符合度，进而触发对应合约条款。而区块链与 IoT 结合，将进一步提高数据源的可靠性及数据收集效率，将区块链上记录的可信数据与人工智能结合，可以智能化跟踪库存、预测需求、检测供应链环境、预测风险，解决大量供应链协同问题，降低交易摩擦，提高协同效率。

供应链系统是指厂家为客户提供商品、服务或信息等，从最初的材料、配件供应商一直到终端用户的整个链条上的所有企业、关键业务流程和关系的一种集成。一个完整的供应过程如图 36 所示，通常包括计划、采购、制造、交付、回收 5 个阶段。而供应链协同管理就是针对供应链上各参与方的合作所进行的管理，强调供应链中各参与方的信息共享，同时保证信息传递的效率和信息的可信度，从而推动业务高效发展，是供应链中所有利益共同者为了提高供应链的整体竞争力而进行的彼此协作。

图 36 供应链系统示意图

4. 典型案例

联想——供应链协同平台

（1）项目背景。

联想作为全球电子制造产业的典型代表，其供应链协同具备行业典型性。联想供应链中原材料交易相关的采销协同业务管理，涉及原材料厂、代工厂、多级供应商等多方的物料采购和付款业务。

为了控制代工厂的成品质量和生产成本，联想需要为代工厂指定原材料供应商，在把控材料质量的同时，通过与供应商签订批量采购合同，降低原材料采购价格，最终降低代工厂成品的制造成本。

在原材料采购过程中，涉及原材料厂商、代工厂、多级供应商等多个参与方，包括供应商筛选、下订单、付款、物流、仓储等多个环节，由于缺乏可信的信息共享方式，采购过程中的沟通成本相当高，效率低下。比如在出现产品库存差异大、付款周期延长、订单状态未知等情况时，各业务相关方需要投入大量的人力完成账目信息的核对和订单状态的跟踪等工作，同时还要投入大量的 IT 开发和运维成本，建立、维护传统的集成信息系统。传统的中心化信息集成系统，能够实现信息的实时共享，但数据来源、真伪性难以鉴定，即中心化的集成系统解决了数据共享的问题，但没有解决可信共享的问题。

区块链分布式、共识机制、数据不篡改、隐私保护等特性，完美解决了信息可信共享的问题，可很好地解决联想在供应链协同方面沟通成本高、信任关系构建难、协同效率低下的问题。因此，联想供应链团队推出了基于区块链的供应链协同平台，使得联想供应链中相关各方之间实现信息的可信、实时共享，实现联想供应链协同管理中的降本增效。

（2）方案概述。

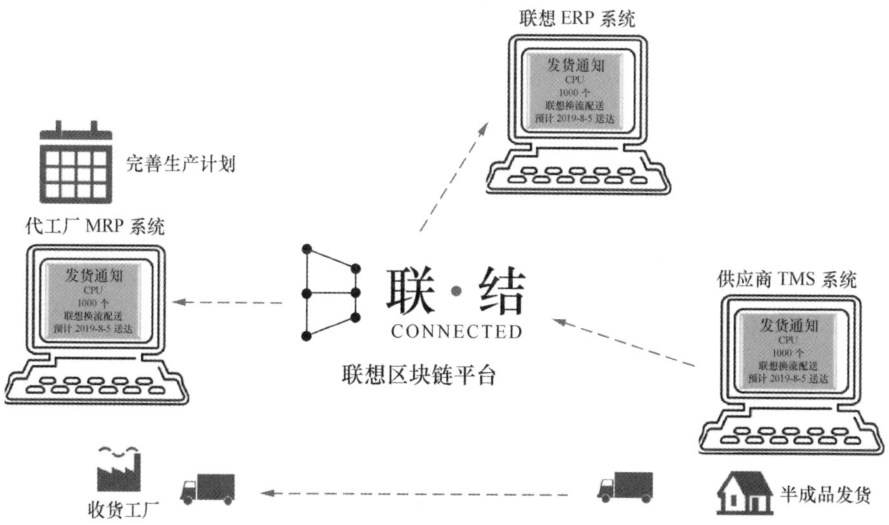

图 37　联想供应链协同平台示意图

联想区块链供应链“双链协同”平台，内部代号为“LeChain”。底层以开源可控的 Hyperledger Fabric 为基础，结合联想供应链业务场景，在跨企业部署、隐私保护、运维监控、可视化操作等多方面进行了定制化增强，形成企业级可用的区块链基础平台。

在 LeChain 平台基础上，通过 3 年多的时间，联想将区块链应用于供应链协同、可信供应商管理、资产追踪、绿色物流管理、供应链溯源等领域。如前所述，这些区块链场景不是单独存在的，而是需要和企业现有的 ERP、SCM、CRM、WMS 等系统进行深度融合。在推动 LeChain 落地的过程中，我们基于智能合约实现了企业现有系统的整合和数据的可信交互。

目前来看，联想“双链协同”平台已经初步达到了预先效果。总的来说，“双链协同”平台优化并简化了现有的供应链协同流程，实现了包括代工厂、供应商、物流厂商之间数据的实时共享传递，增强了整体供应链协同流程的透明度，降低了供应链各参与方发生业务纠纷的风险，提高了整体供应链的运营效率。

①功能架构。

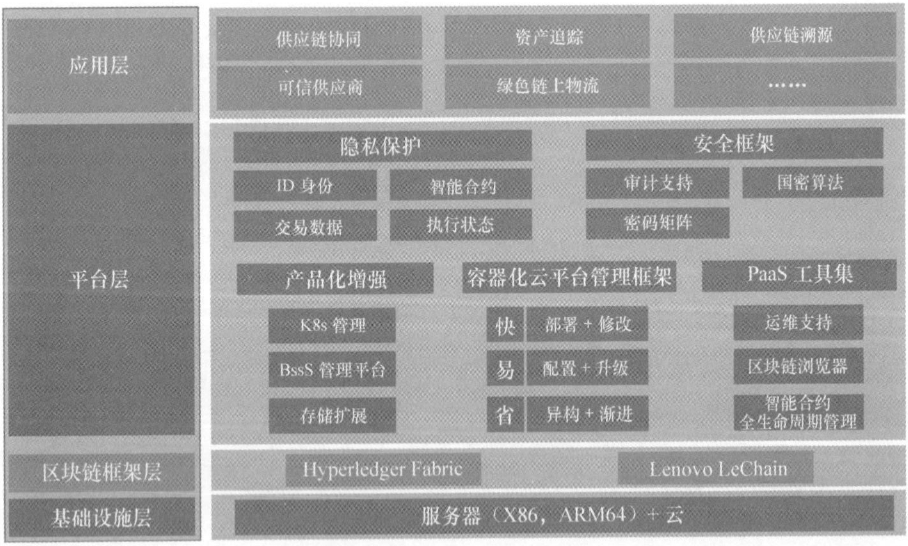

图 38　联想区块链架构图

联想区块链体系架构分为四层：基础设施层、区块链框架层、平台层、应用层。

区块链底层的基础设施基于分布式架构要求，需支持多样化的物理网络环境。联想区块链平台实现了对各种存量异构物理主机的支持，针对不同类型的服务器提供了统一的虚拟化管理实现，支持 x86 和 ARM 64 的异构主机。同时，联想还扩展了目前主流的云区块链 BaaS（Blockchain as a Service，区块链即服务）的实现，不仅支持公有云，还支持企业私有云以及两者融合的混合云方案。

在区块链框架层，联想基于超级账本（Hyperledger Fabric）技术搭建联盟链网络，提供了定制增强版 LeChain，进一步完善了联想区块链平台。

联想区块链平台层支持企业级应用中高可用、易管理的架构要求。基于容器化云平台管理框架为客户提供了快、易、省的区块链网络部署方案。在安全特性上，联想区块链平台支持全面隐私保护，主要针对联盟链需要进行隐私保护的四个要素：用户身份、交易数据、智能合约以及执行状态，开发实现了全面的隐私保护解决方案，在提升了联盟链隐私保护的同时支持国密算法，并支持审计模式，保证了信息数据的安全性。

在应用层，联想的区块链已经在多个供应链协同多场景中应用，并将继续扩展，逐步构建行业供应链协同生态网络，提升行业效率，创造效率红利。

②业务流程。

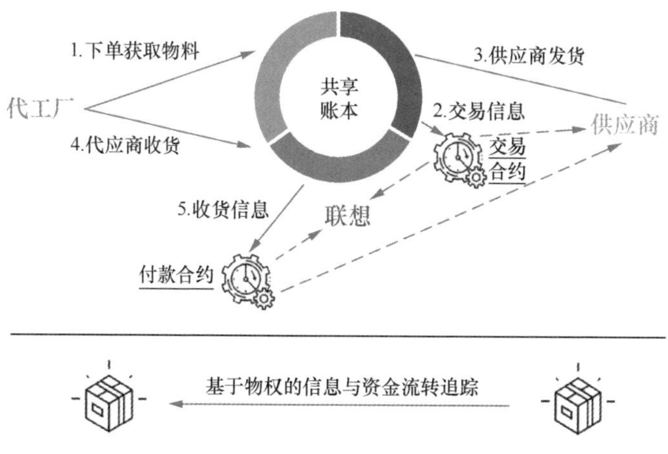

图 39　基于区块链的联想采销协同业务解决方案

区块链采销协同解决方案如图 39 所示，联想部分产品由代工厂代为生产，但联想需要进行品质把控和生产成本控制，所以代工厂生产所用原材料需要由联想统一向有资质的供应商进行采购。业务流程涉及联想、代工厂以及供应商三方，以采购 CPU 为例，大致分为以下五个步骤：

第一步，代工厂计划生产服务器，根据需求计划采购组件 CPU，通过代工厂需求计划系统与区块链平台进行对接，将 CPU 的采购订单上传至区块链平台，同步共享给联想和 CPU 供应商。此时，基于共享数据，联想采购订单被自动触发生成，而供应商无须收到联想采购订单，就可以基于链上信息提前开始准备生产 CPU，这将有助于缩短供应商的交货周期，提升运作效率，降低沟通成本。

第二步，联想将 CPU 的采购订单上传至区块链，代工厂和供应商可以实时获取单据最新状态。

第三步，供应商进行 CPU 生产，生产完工后，将发货信息上传至区块链平台。此时，根据链上共享信息，代工厂无须收到实物，便可以根据供应商发货信息完善服务器的生产计划，联想也可以基于链上信息，启动与供应商结算环节。

第四步，代工厂的实物收货信息和生产信息上链，也有助于多方库存信息自动计算、对账。运作过程中所有采购信息、发货信息及生产信息等都被记录在链，并通过区块链来保障信息的真实性和安全性，当存在追责、定责不清等问题时，可利用区块链所具备的不可篡改和可追溯性，追溯问题环节及相关责任人，降低纠纷成本。

第五步，智能合约触发财务自动结算，避免延迟付款等问题。

（3）创新亮点。

联想主要从业务和技术两方面对区块链解决方案进行创新，使其更适用于现有的商业模式。

①业务创新实现双链融合。

从业务层面来说，联想将区块链和供应链协同紧密融合，实行联盟化运作。供应链是典型的协同场景，是一个复杂的、多方参与的、长业务链条网络，而区块链自身具备的分布式、共享账本、数据可追溯不可篡改等特性恰好可以在供应链协同管理领域发挥巨大优势。传统的中心化业务模式中，需要中间人的参与将各方联结起来，导致业务过程烦琐，多方进行重复工作，耗时耗力的同时也无法保障信息数据的准确性和安全性。另外，供应链的参与方众多，一方面，信息传递不及时，信息不对称，影响工作效率及质量；另一方面，业务流转过程中不可避免地存在纠纷问题，追责、定责难度大，成本高。区块链可以有效解决供应链协同中信息不对称、不公开、不透明的问题，实现信息充分、高效、安全、可靠、共享，提升业务运作效率，避免纠纷。在其他企业关注区块链供应链领域资金流或信息流的单一应用时，联想对场景进行突破，实现商业流、物流、资金流、信息流四流合一，达到供应链领域全流程协同共赢的目的。

②技术创新实现全隐私保护。

从技术层面来说，在联想区块链供应链方案中，基于数据共享的增强协作和隐私保护是两大核心要点。现有区块链能够将不同参与方的交易数据记录在不同的共享账本上，由此保障交易数据的安全性，解决核心企业需要与单一供应商共享数据的隐私问题。但是对于多方交易场景中，共享数据只有部分字段需要加密的情况，只能在线下加密后再传递至区块链，或者直接不上传此类敏感字段，这就会影响到区块链的使用场景，因此，对联盟链灵活的加密方式提出了更高的要求。

联想提出的解决思路是基于指定字段和指定数据的可选加密方案，并以此解决了上述问题，实现了多方交易过程中任意数据字段的加密问题，从而确保了交易数据的隐私不被非授权用户得知。联想不仅实现了对交易数据的加密访问，还引入了对交易身份的保护，对交易状态的保护等，在区块链应用过程中，确保了数据在计算、存储、流转等环节全生命周期的安全，实现信息在安全可信的区块链网络中协同共享。

（4）应用成果。

联想旨在基于区块链的共识机制构建去中心化的信任体系，帮助产业中的各方构建一个既公开透明又能充分保护各方隐私的协同生态网络，打造现代化的产业供应链生态系统。在联想采销协同管理中，区块链大大提升了业务效率，仅节约的人力成本就超过15%。联想区块链平台于2018年7月正式上线，在区块链平台开发并集成了涵盖隐私保护、高效协同在内的多个核心领域的知识产权。根据全球科技分析运营平台incoPat、IPRdaily10月29日最新报道显示，联想仅2019年在区块链平台上申请的专利数量就进入全球60强。未来，联想LeChain平台将继续扩展业务规模，引入更多业务合作伙伴。同时，联想正尝试将区块链技术与物联网、人工智能等先进技术相结合，实践更多场景，丰富并完善应用，最终形成电子制造业协同联盟生态系统。

5. 更多案例

国投贸易公司大宗商品货权追踪系统

中国国投国际贸易公司（以下简称国投贸易）主要从事大宗商品国际贸易，以进口贸易为例，涉及办理进口货物手续、运输，货物通关后的仓库保存、货物买卖、发货等环节。可以看到，国际贸易链条复杂，涉及的上下游企业众多，国投贸易需要实时追踪大宗商品的状态，例如运输状态、交易状态和仓储状态。

大宗商品货权追踪系统以货物的货权为基本出发点，将现有进口贸易全流程作业手续搬到线上，利用区块链连接国投贸易、贸易商、报关行、货代、运输、仓库等多方，全程记录同一批次货物从进口、仓储、买卖到出库等流转的所有环节的信息，实现全程无纸化，进一步提高效率。

该系统平台支持跨公司、跨联盟、跨平台进行货物信息追踪共享，各企业可将自己的IT信息系统通过自己的区块链节点接入区块链网络，实现无缝连接。货物全信息上链后不可删除、不可篡改、不可抵赖。利用区块链将各环节的关键信息进行可信存证，让数据的内在逻辑说话，去伪存真，实现全程在链、责任可究。

此外，该系统平台还升级精细化管理，助力物流服务商规划优化，降低物流成本，增加利润。协助记录和管理物流服务商信息及其服务质量，为后续的业务拓展、贸易商的管理以及相关的金融服务打下了基础。

易融智运“物联网＋区块链”在途控货系统

易融智运物联网追踪系统是由聚均科技推出的“物流＋物联网＋区块链”的物流追踪产品，该系统依托于其集团旗下日海智能科技股份有限公司（002313）全球领先的物联网技术以及凯晟物联科技有限公司在物流领域的完善实施方案，以跨境中欧班列及国内长距离公转铁为切入点，建立现代物流集成运力体系，以“一带一路”通道为轴心向上下游延伸，实现跨境贸易的互联互通，通过 TECH＋赋能，使通道真正达到真实可信的商流、物流、信息流、资金流的四流合一。

易融智运物联网追踪系统主要提供车辆信息管理、班次管理、物流追踪、在线查询等服务，基于物联网、区块链、微服务架构打造，以物联网作为数据抓手，区块链除了实现存证、溯源、增信等赋能以外，还可以将资产数字化，借助智能合约实现流程智能化以及生态间的价值交换与流转，消除再途环节的信任风险，从而打造出贯穿流程的信任生态。同时易融智运物联网追踪系统通过物联网系统实时上报物联设备数据信息，与物流系统上报的信息数据形成交叉验证，将真实数据通过区块链存储，保证信息在业务链条中的真实、完整、可信。物联网系统上报数据包括货物的位置、温度、湿度等信息，物流系统上报数据包括货物的仓单信息、负责人详情、真实环境照片等。

（三）工业互联网

工业从 1.0 时代发展到 4.0 时代，已经远远超出了生产制造本身，更多表现为企业如何精准控制成本，按需、快速、个性化地完成定制生产，实现生产、管理和营销方式的变革，逐步增强市场竞争能力。综合来看，工业应用体现出精准化、广泛化、品牌化的三大特点。

图 40　工业互联网示意图

1. 工业互联网中的痛点

“网络化、数字化、智能化”的工业应用对整个生产制造生命周期的诸多方面提出了挑战。

（1）海量的设备接入使得身份鉴定、设备管理等对工业安全提出了新的挑战。

高度协同的生产单元涉及各种生产设备，这些设备的身份辨识可信、身份管理可信、访问控制可信是多方协作的基础，也是实现人与设备、设备与设备之间高效、可信、安全地交换设备信息的关键。同时，对设备的全生命周期管理过程，需要对设备的从属关系等进行可信的溯源查询，为设备使用可能导致的责任认定提供可信的仲裁依据。

（2）多主体多环节的生产供应过程亟须提升信息共享和协同操作能力。

产业链上下游的信息共享、沟通协作在工业互联网应用中具有重要作用。可靠、及时的信息共享在快速生产组织、库存削减、物流联运、风险管控、质量控制等方面具有一定的积极作用。同时，“精准化”生产单元之间的协作程度比以往大而全的生产更加快速、精准。一个环节的生产和供应问题就可能影响全局，对整个产业链造成影响。

（3）服务型制造升级对生产要素的整合利用提出更高要求。

制造业和服务业的融合发展，要求制造业的核心企业在上下游生态链中发挥主导作用，扮演贸易结构管理者、风险管理者甚至风险承担者角色，联合上下游、仓储物流企业以及流动性提供者（比如银行）组成服务及供应链金融联盟链，提供包括融资租赁服务、二手交易服务、工业品回收服务等各种增值服务。

（4）事前事中的“柔性监管”需要更快速、更精准、更透明的数据采集。

对于政府监管部门而言，监管面临前所未有的复杂。需要打破原先监管机构和企业间如“猫鼠游戏”的微妙关系，发展监管科技，加强与各方面的多维度信息共享和沟通协作。需要加速监管手段的科技创新，研究如何运用区块链技术构建监管机构和企业之间的沟通桥梁，做到沟通方式安全可靠，隐私安全，从而实现耦合共赢，以满足多样化的监管要求。

2. 区块链针对工业互联网中的痛点的解决方案

针对当前工业互联网所面临的新需求和新挑战，区块链技术为工业领域的高效协同和创新管理提供了全新的解决思路和方法。

（1）从企业发展的角度看。

借助区块链的共识机制、共享账本、智能合约、隐私保护四大技术特点，结合其分布式的部署方式，能够根据现实产业现状和企业的不同发展阶段，提供分行业、分地域、分阶段、分步骤的建设模式和发展路径，为工业互联网提供合法合规、遵守企业间协定的数据共享和协同合作的新型范式。

（2）从政府监管的角度看。

其“物理分布式，逻辑多中心，监管强中心”的多层次架构设计，为政府监管部门和工业企业提供了一种政府与企业、企业与企业的“松耦合”连接方式，在不影响企业正常生产和商业活动的前提下提供“柔性”合规监管的可能。

区块链应用于工业制造过程的优势如下：

（3）区块链帮助工业设计快速发展。

工业产品的设计涉及多个环节，环节之间由不同的参与主体组成。其间的协作关系可能通过系统集成完成或者是通过传统的手工文件的方式完成，这些方式都会在有意无意间造成一些错误和摩擦，从而降低沟通协作的效率。通过区块链智能合约刻画协作，将相关文件上链，其过程透明、可追溯，从而提高协作效率。同时，对于一些可以由工业企业外部设计者参与的设计项目，比如零配件设计，完全可以组建一个更加开放的设计联盟，通过一定的激励机制使得外部的设计者更加积极地参与设计，从而提高整个设计的速率和质量。

（4）区块链促进工业生产更加高效。

利用区块链技术将分布式智能生产网络改造成为一个云链混合的生产网络，相对于大部分中心化的工业云技术，有望在效率上、响应速度上、能耗上取得进展。而生产中的跨组织数据互信全部通过区块链来完成，订单信息、操作信息和历史事务等全部记录在链上，进行分布式存储，难篡改，所有产品的溯源和管理将更加安全便捷。数字化工厂端采用中心化的工业云技术，而中间的订单信息传输和供应链清结算通过工业区块链和智能合约来完成，既保证了效率和成本，又兼顾了公平和安全。每一种商品由数字化工厂提供，每一个样品都有“数字化双胞胎”，并且这些数字化双胞胎全部通过智能合约与产业链上下游相连，终端用户的一个订单确认，会触发整个产业链的迅速响应，全流程可实现数据流动自动化，助推制造业的转型升级。

3. 区块链在工业互联网中的主要应用

考虑到工业互联网应用的自身特点，有权限身份管理的联盟链比较适合工业互联网中的各种应用。

工业应用中，为了实现机器、车间、企业、人之间的可信互联，需要确保从设备端产生、边缘侧计算、数据连接、云端储存分析到设计生产运营全过程的可信，从而触发上层的可信工业互联网应用、可信数据交换、合规监管等。区块链技术在工业应用领域，将会在工业互联网的各个层面对其进行加强，从而实现工业数据共享和柔性监管。

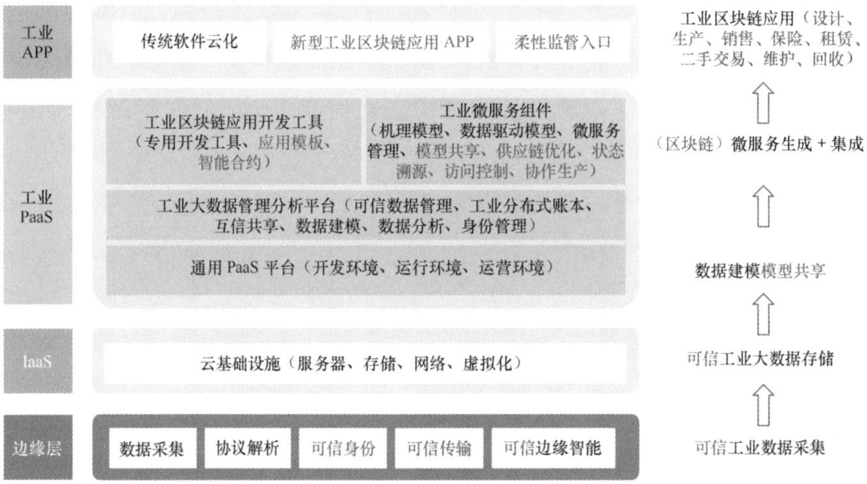

图 41　工业区块链组织架构

（1）可信数字身份。

为了实现物理设备的数字孪生，除了传统设备标识之外，对于一些高价值的设备，需要额外为每一个设备配备一个物理级别的嵌入式身份证书。在设备出厂的时候，由国家级的设备身份认证中心统一颁发，并一次性写入设备中。所有由该设备产生的数据，在上传到云端的时候都需要由该设备的身份私钥进行签名。数据的使用方可以通过统一的工业 CA 中心来验证设备数据的身份。

（2）安全的数据连接。

设备端收集到数据之后，数据将经过网关、数据预处理，存放在云端服务器。数据传输过程存在被篡改的风险，这里需要有技术协议保障数据在进入账本前不会被篡改或者删除。

（3）智能的边缘计算。

为了缩短延迟，减少无效数据传到云端账本，降低网络的带宽压力以及存储压力，往往会在边缘侧进行计算。在边缘侧计算和云端的计算形成共识，产生可信事件。该事件可以直接触发交易流程，比如支付、派工等。

（4）工业分布式账本。

工业应用分布式账本，除了具有传统的难以篡改、共识、受限访问、智能合约等特点以外，还需要具备适应工业数据的账本查询能力，在满足资产状态快速转移的前提下，需具备状态快速查询能力，以满足资产快速转移、及时查询溯源的需求。

（5）可视化智能合约区块链服务。

通过拖拽的方式，让区块链联盟成员可以非常方便地设计相关参与者（人、机、机构）的身份权限和规则，并且将相应的智能合约部署在区块链网络上，快速生成用以协作的应用。

（6）新型工业区块链应用以及柔性监管入口。

基于可信数据，相关参与方的数据、过程和规则通过智能合约入链后，相关参与方可实时获取可信的数据信息，实现数据的可信、实时共享。此外，跨链技术将进一步提高系统的数据共享能力，使得链外符合条件的利益相关方也能实时获取可信的数据信息，实现更大范围的可信共享、价值互通。同时，监管机构以区块链节点的身份参与到基于联盟区块链的工业互联网基础设施中，合规科技监管机制以“智能合约”的形式介入产业联盟的区块链系统中，实时获取企业的生产和交易数据并进行合规性审查。此外，利用大数据分析技术对生产、交易数据进行多维度分析，进行微观监管的同时，可以从宏观层面掌握行业动态，为宏观调控提供数据支持。

二、民生领域

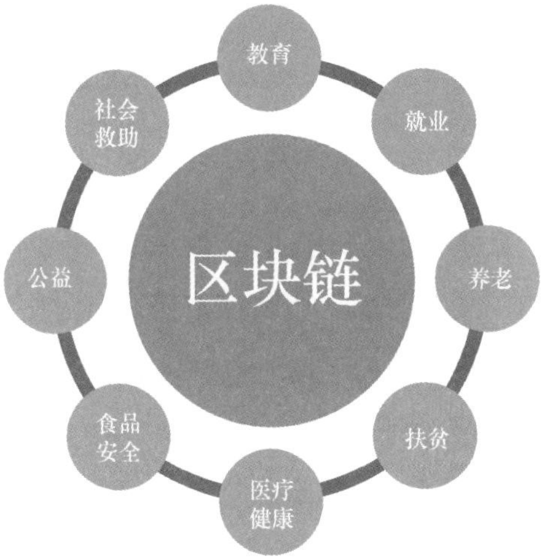

图 42 区块链在民生领域的应用

要探索“区块链+”在民生领域的运用，积极推动区块链技术在教育、就业、养老、精准脱贫、医疗健康、商品防伪、食品安全、公益、社会救助等方面的应用，为人民群众提供更加智能、更加便捷、更加优质的公共服务。

(一) 产品溯源

溯源，是一种追溯根源行为，通常是指物品或者信息在生产、流通及传输的过程中，利用各种采集和留存方式，获得物品或者信息的关键数据，如

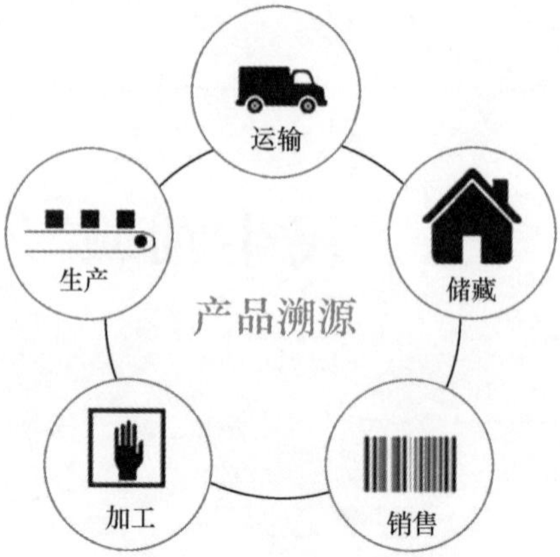

图 43　产品溯源示意图

流通和传输的起点、节点、终点，数据类别、数据详情、数据采集人、数据采集时间等，并通过一定的方式，将数据按照一定的格式和方式进行存储。通过正向、逆向、定向方式查询存储的相关数据，就可以对物品或信息追溯根源。

溯源可以实现所有批次产品从原料到成品、从成品到原料 100％的双向追溯。溯源最大的特色就是数据的安全性，每个人工输入的环节均被软件实时备份。

溯源系统建立后，一旦发生相关事故，监管人员就能够通过该系统判断企业是否存在过失行为，企业内部也可借助该系统查找是哪个环节、哪个步骤出现了问题，明确责任人是谁，避免了由于资料不全、责任不明等给事故处理带来的困难，使问题得到更快解决。

1. 产品溯源中的痛点

随着社会的进步和发展，“毒奶粉”“地沟油”“瘦肉精”“假疫苗”“侵权官司”“产权归属”等事件层出不穷，持续爆出的食品安全和信息来源问题令公众焦虑不已，消费者对于食品安全的信任降至最低点，对于各种知识产权、信息来源的归属问题持怀疑态度。食品安全关系到经济建设和社会稳定，关系到每个人的健康和幸福。产权归属和信息来源关系到人们的财产经济问题，也牵涉到社会的信任和监管运营问题，但当前各类产品的溯源，存在一定的痛点并亟须解决。

（1）食品溯源困难。

食药畜牧是为人类提供营养的载体，一直以来在国民经济中有着重要的地位和作用。但是传统农业畜牧业的产业链非常长，从种植、加工到食用的所有环节间都是割裂、无序的，食品到达食用环节的整个过程监管难、追溯难，从而导致市场上出现大量的假冒伪劣产品，在影响消费者健康的同时，降低了消费者对现有食品的信任度，甚至导致消费者对货真价实的好产品都持怀疑态度，不敢轻易食用。同样的产品由于包装不同而价格不一，人们不知道该如何选择，不了解哪个食品提供的信息是真实可靠的。此外，在生态农业建设中还有更多更深层的问题，比如供需不平衡等。

（2）知识产权中的三权回溯问题。

知识产权是指人们就其智力劳动成果所依法享有的专有权利，是一种无形财产或者是一种没有形体的精神财富，是创造性的智力劳动所创造的劳动成果，包括专利、版权和商标权。随着科学技术在社会经济中发挥越来越重要的作用，知识产权已成为市场竞争力的核心要素之一。

知识产权的生命周期可以分为研发、产生、授权、运营、保护、维权、失效等阶段，实际应用中将会面临确权、用权、维权的问题。在研发、生产、授权阶段，由于时间周期长、科研课题交错，涉及的参与方往往比较多，权利、权属、权益三权不清，确权、维权难度大，极大地降低了知识产权生产者的积极性。在知识产权运营阶段，由于三权不清、长周期的研发，产生、授权阶段数据无法回溯，知识产权价值难以评估，导致运营效率低下。在确权、维权阶段，同样由于历史数据无法回溯、历史权属不清、举证艰难、维权成本高而效率低下。

由于传统确权模式在三权确认、三权追溯方面存在困难，当前信息互联网模式难以支撑版权运营的新模式，比如版权通证化、著作权合作编写、版本分支化、故事多元化等。

2. 区块链针对产品溯源中的痛点的解决方案

区块链的去中心化、数据难篡改特点，使得其在溯源方面具有先天优势，将会给溯源行业带来巨大变革。

技术方面：通过区块链为溯源平台提供了很好的技术基础，保障了数据的真实可追溯。

应用方面：智能合约在应用层面会帮助解决溯源的关键问题，提供更加有价值的信息和服务。

生态层面：区块链技术可以真正打造多中心、按劳分配、价值共享、利益公平分配的自治价值溯源体系。

具体来讲，区块链溯源具有以下两个优势：

（1）有效提升产品质量、建立可信产业链生态。

区块链溯源在食药领域的应用能够有效地提升产品质量的控制，以传统的反欺诈、风险控制方法为基础，结合区块链上数据留痕、可追溯的特点，从而实现对各个参与方行为进行有效管控，建立可信的产业链生态，保证产品质量，提升产业竞争力。

（2）有效防止金融欺诈，助力产业发展。

区块链溯源同时还能帮助金融行业有效防止金融欺诈事件。金融欺诈产生的主要原因是基础资产的真实性无从验证或极难验证，导致资产流转成本高、流动性差，这些问题极大地阻碍了资产、价值的快速流动。传统风险控制手段结合区块链应用能够将基础资产透明化、提升业务效率、降低企业流动性资产成本支出，助力金融产业的快速发展。

3. 区块链在产品溯源中的主要应用

区块链技术应用于溯源系统中的数据存储，由于其天生去中心化、数据难篡改的特征，使得存储的数据难以被删除和更改，提供了一种区别于传统溯源系统中心化数据存储的新信任机制，可进一步提高现有中心化溯源系统

图 44　区块链溯源系统全程留痕、可追溯

的可信度。

在数据溯源的产生和使用过程中，若要实现对溯源数据的有效管理，首先需要有一个统领全局的架构。由于区块链技术的可追溯性和防篡改性与溯源需求正好契合，结合区块链的溯源架构能够满足实际生产的要求。

（1）溯源应用的数据建模。

数据溯源技术关键在于数据模型的构建，其直接决定了原始数据的获取、传输、存储以及后期的使用等。数据溯源的模型如图 45 所示。

①不同应用、不同业务具有的业务数据和业务字段也差别很大，溯源平台满足各种不同的业务场景，需要对不同业务、不同应用的数据进行抽象建模，并对接入数据进行规范。

②对于溯源平台来说，可以把不同应用、业务的整个溯源过程划分为不同的阶段，并按照业务类型、应用类型、不同阶段进行分门别类，从而实现不同业务、不同应用的整个溯源流程。

③溯源方在查询数据的时候，通过数据特征标识获取数据的全链路历史版本。

（2）溯源应用的全生命周期管理。

溯源应用生命周期包括从开始到结束的整个过程。要正确地对业务应用进行溯源追踪，需要对溯源应用的生命周期进行管理。

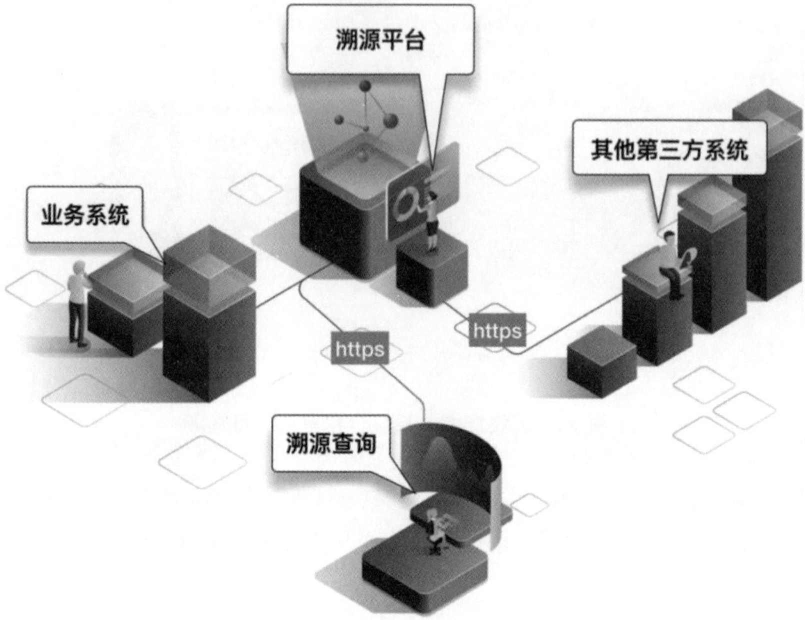

图 45　区块链溯源系统模型示意图

在如今的供应链体系中，一个特定商品的供应链包括从原材料采购到中间产品、最终产品，最后由销售网络把产品送到消费者手中，将供应商、制造商、分销商、零售商，直到最终用户串成一个整体。

例如大米溯源案例中，大米的整个过程包括选种、播种、收割、加工、运输、销售，最终到达消费者手中。这些阶段的信息都应记录在溯源的应用系统中，当需要进行查询追溯时，消费者或者其他人可以从其中任何一个阶段进行数据查询、追踪，消费者在拿到粮食时，可以根据粮食身份标识在“区块链大农场”系统中查询是否存在该商品以及该商品各个阶段的详细信息，如该商品的品种信息、种植农户的信息、在田间作业的详细信息、每个关键生长阶段的数据信息、收割检验信息、加工过程信息、物流信息等，真正做到信息的溯源和防伪。

4. 典型案例

顺丰丰溯溯源平台——梅州柚项目

（1）项目背景。

食品安全和品质问题一直是民生关注的热点，近年来各类假冒伪劣的食品、药品层出不穷，在对消费者健康、权益产生巨大威胁的同时，也产生了严重的信任危机。传统的监测方式已难以满足消费端的需求，可追溯成为产品品质保障的有力武器之一。

根据农垦农产品质量追溯平台的数据展示，2014 年我国各种农产品的可追溯比例均不足 1%，远低于发达国家水平（如欧洲和日本的牛肉可溯源比例均接近 100%）。随着 2019 年国家加快推动区块链技术和产业创新发展战略的提出，食品安全溯源广泛进入大众的视野。农产品生鲜对生产种植、流通和销售等各个环节的规范和监控等“保质”要求高，特色农产品品牌“保真”需求日益迫切，消费者非常关注此类产品的产业链各环节的可追溯、查验以及溯源内容的真伪，由此农产品溯源技术应运而生。

梅州作为广东省农业大市，2017 年粮食总产量为 124.86 万吨、水果 155.65 万吨（其中柚子 89.92 万吨）、茶叶 1.58 万吨、蔬菜 252.15 万吨、水产 11.82 万吨，市场流通巨大、潜力可期。顺丰科技区块链研发团队将区块链技术与溯源产品有力结合，一方面建立明星产品梅州柚的溯源体系，为每个（批）产品提供唯一的溯源码，全程追踪产品从田间到餐桌的流向，以确保每个环节数据的透明可追溯；另一方面，为源信息赋予产品品牌故事，附加当地文化、专家服务等延伸价值，提升产品形象，推出地域品牌。全产业链溯源系统的建立，为梅州柚的品牌价值注入生命力，最终实现了产销运全过程的可信追溯，保障了消费者权益，让消费者更放心。

（2）方案概述。

顺丰丰溯溯源平台（以下简称丰溯）基于超级账本技术搭建，利用区块链+物联网技术，联合顺丰速运、第三方质检机构、监管部门共建农产品数据联盟链，解决了传统中心化溯源系统的数据可信性不足、产品窜货等痛点。

图 46　顾客扫描商品二维码查看溯源信息

图 47　顾客扫描商品二维码查看溯源信息

丰溯通过建设梅州柚全链条溯源，助力梅州柚品牌打造，并且为消费者提供真实可信的追溯信息，为管理者提供溯源数据，辅助其进行决策分析。丰溯总体业务流程设计如图 48 所示。

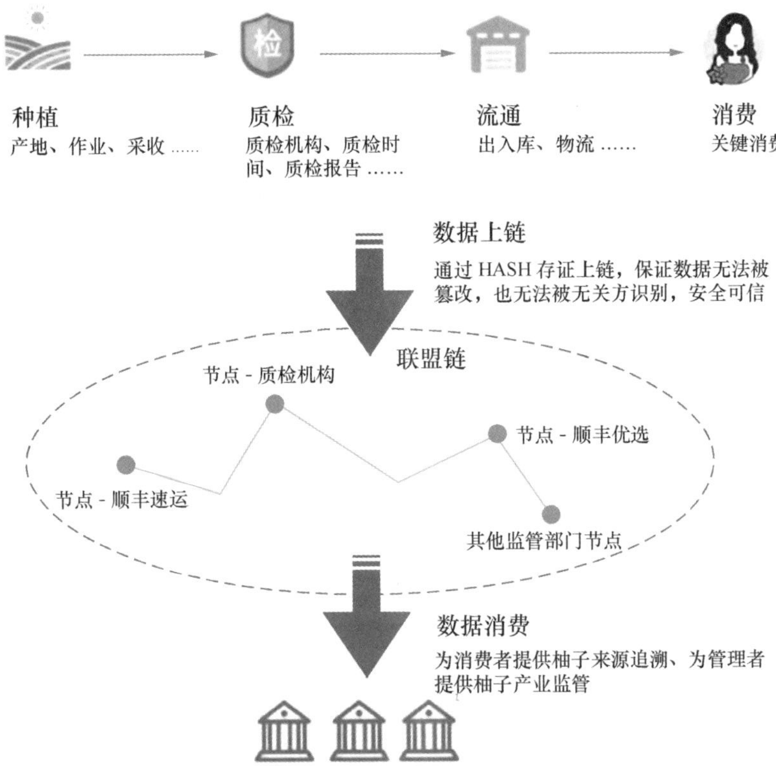

图 48　丰溯溯源系统业务流程示意图

丰溯主要包括溯源平台、商家端、运营端、消费者端，实现了农产品流通环节的信息打通，做到全链条可追溯。

• 完整溯源链条：覆盖从产地到消费者的全环节数据，实现真正的完整溯源。

• 内容按需展示：客户可根据产品特点和自身需求，对展示的内容进行选择。

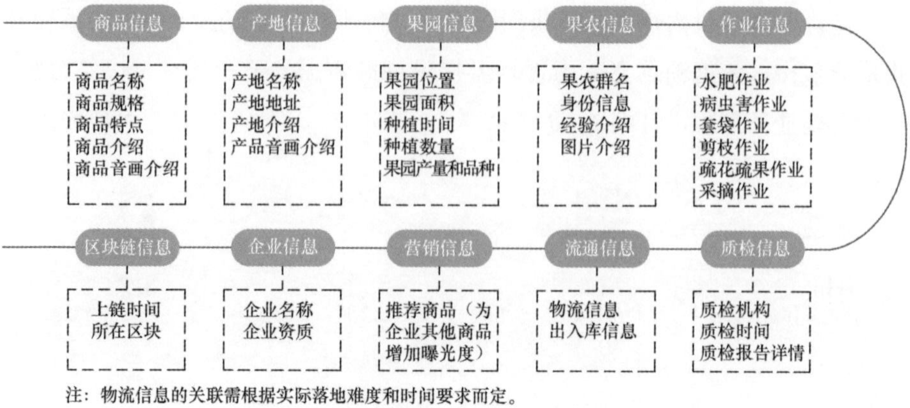

图 49　溯源信息链流程图

（3）创新亮点。

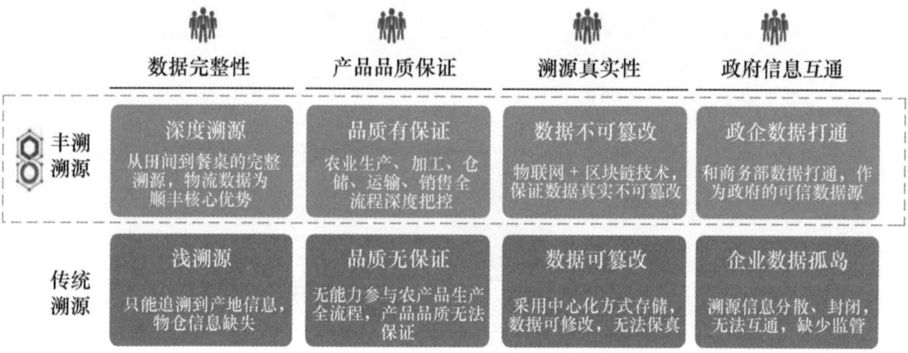

图 50　丰溯溯源系统 VS 传统产品溯源系统

丰溯溯源平台基于对技术和行业的理解，在技术和模式上进行了创新。

丰溯采用农业物联网，实现农业端到端产业链的数据自动采集，杜绝信息造假；并且利用区块链技术，杜绝数据篡改。

• 信息来源真实：通过物联网硬件及系统自动采集农业数据，实现无人工参与，杜绝信息造假。

• 信息不可篡改：摒弃传统的中心化数据存储，利用非对称加密＋Hash 算法＋分布式存储，保证数据安全。

• 共建联盟链：实现数据多方记录，不可篡改。

通过原产地监控，确认实现产地不可造假；通过防伪溯源码，保证溯源码不被复用；通过物流信息保证商品来源可靠。

• 原产地确认：所有原产地均需经过丰溯实地认证，并在顺丰地图上给予原产地的特殊标识；在原产地安装监控系统，消费者实时可看。

• 防伪溯源码：通过使用定制标签，避免溯源码回收和二次使用；通过后台的异常监控功能，对扫码记录进行分析，杜绝批量伪造的假冒标签。

• 流通信息展示：依托顺丰的物流数据优势，实现产品物流信息关联，完善溯源链条。

• 权威质检报告：同农产品检测行业权威机构建立长期合作关系，使所有采用丰溯溯源的农产品均有完整权威的检测报告，为保证产品品质和提升消费者信任提供强有力支撑。

（4）应用成果。

目前，顺丰丰溯溯源平台已在柚子、车厘子、大闸蟹、酒水等多个品类和领域进行了落地和试点，正在成为新一代的农产品溯源标准和体系，并且收获了各类奖项。

5. 更多案例

信链臻品——中国网安

信链臻品是由中国网安电科信链联合业内生态企业共同打造的，旨在建设由区块链、物联网、大数据等技术支撑的产品溯源平台，打造一个基于区块链技术的安全可信、可追溯的食品生产和流通体系，推动中国食品行业的品质转型升级。信链臻品平台通过区块链公开透明、安全可靠、可追溯不可篡改的技术特性，联合保险公司、检测公司、电商平台等机构，解决食品行业领域存在的安全问题、信任问题和保障问题，建立可信、安全、透明的食品溯源体系、信用体系。

以猕猴桃为例，根据采摘入库时猕猴桃的品质情况，对经检测符合承保等级要求的果品进行猕猴桃品质保险承保，产生这一批次承保猕猴桃的批次号、保单号，并将批次号与保单号作为主键与当前猕猴桃品种（红心猕猴桃、黄心猕猴桃、绿心猕猴桃）及检测信息、被保险人管理情况、仓储环境等录入服务系统，同时录入投保人、被保人、保险状态等保单信息。保险期限根据猕猴桃采摘入库时的果品情况确定，最长不超过 3 个月，分为 4 种状态：合同在保、保险合同终止、保险合同到期终止、已赔付。

在猕猴桃的存储和交易过程中，如遇销售过程中装箱，则在箱外侧贴上二维码，并将二维码作为查询主键记入服务系统与区块链。保单约定的第三方检测机构对猕猴桃进行检测后，将检测的数值记入区块链，并根据检测结果判断保险事故是否发生及赔偿额度。如发生保险事故，则由系统记录保险事故和赔偿额度并改变当前保单状态，用户通过微信扫码获取该盒猕猴桃的溯源信息与保单信息。

结合区块链技术，实现上链信息的多方共识，生产信息的全程可溯，链上信息的不可篡改，同时实现可视化的业务流程与自动创建智能合约的功能。

丽水农产品溯源平台

丽水市“丽水山耕品牌”开发的山耕链在丽水农产品溯源的业务形式下，打造基于区块链的多通道模型的区块链联盟系统，确定多通道区块链节点模型，以满足丽水农产品溯源的业务形式。

底层技术天玑链旨在为企业提供全方位多维度的安全防伪溯源服务。通过在银行、金融领域区块链数字交换技术积累，创建企业级高性能分布式经济网络，打造了具有更高效的部署能力、更具扩展性与安全性的第三代区块链平台，适用于金融、制造、农业、物联网等大量数据流转平台。通过天玑链特有的块链云架构体系，让每一个产品在拥有自身独立标识的前提下，其产品信息都将实现多方共同跟进追踪，使企业能够安全、高效、低成本的进行追踪和交易。“丽水山耕”项目 9 大产业防伪溯源平台落地，通过征链平台“一码一物一图”的“物纹防伪”对麻鸭产业、中草药产业全部实现独一无二的区块链数字身份认证。由北斗区块链打造的“山耕链”提供数据服务，实现“丽水山耕”九大产业资产确权、融资担保等落地。北斗区块链打造的防伪溯源系统解决方案快速布局茶产业、奢侈品、中药材、高端食材等领域。

“丽水山耕”旗下9大产业全部上链确权，成为全国第一个利用区块链技术覆盖整个农业产业领域的科技化、现代化农业旗舰品牌。

（二）司法存证

图 51　司法存证示意图

移动互联网的普及带来了大量电子数据存取证的需求。电子证据在确立了其作为独立证据的地位后得到快速发展。随着微博、微信等网络通信工具的高度普及，电子数据存证已成为现今社会实际生活中的常见行为。

1. 司法存证中的痛点

虽然在法条、司法解释和相关规定中，对电子证据的范畴、原件形式、取证手段等做了一些规定，但电子证据在司法实践中的各个环节依然存在痛点，如存证环节、取证环节、示证环节、举证责任和证据认定中。

（1）存证中的问题。

电子数据具有数据量大、实时性强、依赖电子介质、易篡改、易丢失等特性。在存证中面临如下问题：

①单方存证。

传统的存证方式有公证存证、第三方存证、本地存证等，这些方式本质上都是由一方控制存证内容，是中心化的存证方式。中心化存证下，一旦中心遭受攻击，容易造成存证数据丢失或被篡改。

②存储成本高。

电子数据依赖电子介质存储，为了存储安全，经常需要使用多备份等方式，加之电子介质有其使用寿命，因此存储成本较高。

（2）取证中的问题。

①证据原件与设备不可分。

目前，在对某些本地产生的电子数据进行取证时，原件只能留存在产生电子数据的设备中，证据原件和设备是不可分的。证据原件一旦要离开设备，就变成了复制品，不能成为定案依据。因此，在民事诉讼中，经常发现当事人需要向法院展示手机等设备，迫使当事人本人必须到庭参加进行操作；在刑事调查和行政调查中，因查封电子数据原始载体是取证的首要手段，被调查人的电脑硬盘、服务器可能被全部拿走进行调查，导致被调查人正常业务被迫停止。这些情况给相关人员造成了不必要的麻烦，事实上也很难杜绝当事人此前已经对原始文件进行了删改。

②原件可以被单方修改。

当前，在软件上形成的数据原件，都是基于当事人在互联网软件服务商处注册的用户名密码下的行为所致。在这种数据逻辑结构下，也基于对隐私的保护，当事人对自己数据的删改，包括对其删改记录的再删改是其当然的权限。那么，所谓的原件到底是不是事件发生时真实、原始和完整的数据，互联网软件服务商也无法给出确切的答案。即使互联网软件服务商给出了他所留存的数据，也无法证明这个数据是否经过了互联网软件服务商的删改，不能完全保证相关数据的真实性；严格来讲，相关数据只能作为线索和间接证据使用。

因此，在对电子数据取证的时候，所取证据是否属于原件，也是存疑的。

（3）示证中的问题。

电子数据的展示和固定是电子数据使用的重要环节，由于电子数据是存储在电子硬件中的电子信息，要获取其内容需要使用相应的软件读取和展示，这给示证带来了困难，表现在：

①非纸质方式。

并非所有电子数据的内容都可以通过纸质方式展示和固定，例如电子数据的电子签名信息和时间信息。

②可篡改数据。

对电子数据原件的截图、录像、纸质打印、复制存储等，通常都交由当事人自己完成，而其中的差异是难以在原件和复制件核对查验时充分验明的，这给了当事人篡改数据的机会。

③公证需求大。

示证的困难使得对电子数据公证的需求增加，这严重加大了当事人的举证负担，也严重浪费了社会司法资源。

（4）举证中的问题。

在诉讼中，双方都会提交自己留存的电子数据作为证据。在当事人分别控制自己的数据的情况下，非常容易发生双方提交的证据有出入，甚至是矛盾的情况。在没有其他佐证的情况下，证据的真实性认定非常困难，双方提交的电子数据都无法成为断案依据。在这种无法判断案件事实的情况下，法官很可能需要依赖分配举证责任来进行断案。而一般的举证责任分配原则是“谁主张，谁举证”，无法举证则承担败诉的后果。那么在这种情况下，篡改自己数据的一方可以在这种举证责任的安排下占据优势。

（5）证据认定中的问题。

一切证据“必须经过查证属实，才能作为定案的根据”，是在世界范围内具有普适性的最重要的司法原则之一。证据的认定，通常是认定证据“三性”的过程，即证据的真实性、合法性和关联性。电子数据作为证据也需要经过“三性”判定。电子数据因为数据量大、数据实时性强、保存成本高、原件认定困难等，对其进行“三性”认定依然较困难，电子数据经常因为难以认定而无法对案件起到支撑作用，这对法官和当事人都造成了较大压力。

2. 区块链针对司法存证中的痛点的解决方案

图 52　区块链解决司法存证中痛点问题示意图

针对传统方式表现出的成本高、效率低、真实性难以保证等缺陷，区块链技术的难以篡改性在电子数据存证方面显示出先天优势。区块链时间戳标示出电子数据上链的发生时间，区块链全局有序保证了事件发生时的唯一序列，从而可确认任意两件、多件事件的先后顺序。用户的私钥对数据的签名确保数据不可伪造，区块链不易篡改、可追溯的特点有利于对电子数据的提取和认定。在结合区块链的场景中，证据在司法实践中的存证、取证、示证、质证等过程对应着电子数据的存储、提取、出示、质询等动作流程。

（1）区块链在电子数据存储中的应用。

电子证据在生成时就可以将关键要素信息固定下来，区块链分布式、去中心化的系统，可以保证在未来任意时间验证电子证据的原始性、完整性。

基于区块链的电子数据存证系统，使用对等网络技术，每个节点都无差别储存一份数据，使系统具有良好的防崩溃宕机能力；使用哈希嵌套的链式存储结构，保证每个历史区块内容的变更都变得几乎不可能，增强了数据的安全性、难篡改性；使用数字签名技术，对于每条数据都记录其出处，不可抵赖；使用合理的数据模型，使每条数据的使用流转都可追溯、可审计；使用时间戳技术，使每条数据的生成时间有明确认定；使用内置智能合约，使每类电子数据可以自动识别和处理，减少人为干预。

区块链电子数据存证，可以规范数据存证格式，保证数据存储安全，保证数据流转可追溯。

（2）区块链在电子数据提取中的应用。

电子证据的取证过程有别于传统取证方式，是一个技术发现的过程。一般来讲，电子证据在取证时不仅需要具有电子物证司法鉴定资质的机构和鉴定员来取证，还需要专业的律师共同进行，以保证技术的可行性和取证的合法性。电子证据易丢失、易篡改等特点决定了取证其原件较为困难，真实性难以保证。

因此，电子数据取证需要解决两个问题：一是如何获取电子数据原件；二是如何保证电子数据的真实性。

基于区块链的电子数据存证系统里的数据都经由参与节点共识，并且独立存储、互为备份，存储在符合要求的区块链电子数据存证系统中的数据均可通过技术手段认定为原件。区块链账本具有防丢失、难篡改的特性，真实可信地记录了数据来源、时间戳以及流转过程等，可用于作为辅助数据，增强电子数据的真实性。

（3）区块链在电子数据出示中的应用。

目前电子证据的示证方式通常采用传统的书证形式，即将电子证据进行快照并进行纸质化。打印、公证等转换证据形式会增加当事人的时间、资金成本，阻碍诉讼效率的提升。转换成书证之后，电子证据的灵活性丧失，让丰富的证据形式变得单薄，缩小了当事人之间质证的空间。

基于区块链的电子数据存证示证可结合两种方式以降低示证过程的时间和人力成本，提高诉讼效率：一是采用智能合约自动取证示证，利用区块链浏览器对电子证据进行可视化展示，根据标准化的示证流程进行电子证据示证；二是通过区块链技术将存证、司法鉴定和电子证据出函流程打通，由多方参与示证。

（4）区块链在电子证据质询中的应用。

质证是指当事人、诉讼代理人及第三人在法庭的主持下，对当事人及第三人提出的证据就其真实性、合法性、关联性以及证明力的有无、大小予以说明和质辩的活动或过程。鉴于电子证据有别于传统证据，审判人员在司法实践中对电子证据的真实性多持怀疑态度，甚至将电子证据转化为书面材料以固化证据，从而获得公证机关公证和司法鉴定机构鉴定。

电子信息的生成、传播、修改和储存都是以电子数据的形式进行的，书证化电子证据的本质已经是复本。示证的间接性导致质证环节效率低。

基于区块链的电子数据存证系统因为优化了取证和示证环节，缓解了质证环节取证和示证过程中的争议问题，聚焦于证据本身对案件的影响，提高了司法效率。

3. 区块链在司法存证中的主要应用

（1）法院行业应用。

①诉讼服务。

应用区块链技术可将诉讼服务过程中涉及的电子材料、业务数据、用户行为等信息进行固证，区块链技术的防篡改、可验真、可追溯的特性可确保诉讼服务数据的生产、存储、传播和使用全流程安全可信，从而提升了电子诉讼服务的权威性、专业性和司法公信力。

当事人的诉讼活动，如网上立案、网上交费、网上开庭、证据交换等，其所产生的登记信息、电子材料、操作行为全部上链，可以随时验真、追溯，提升了网上电子诉讼服务的公信力和质效。

诉讼服务过程中自动生成的送达地址确认书、庭审笔录、调解协议、送达回证、调查令等电子法律文书通过数字证书进行电子签名，确保了身份真实有效；通过材料上链，实现材料固化和防篡改，保障在线电子生成法律文书的唯一性、真实性和法律效力，为诉讼全流程无纸化网上办理提供了安全有力的保障。

随着保险、银行、证券、电商等社会组织的数据上链固证，当纠纷产生时，可以构建基于区块链的涉诉单位、法院、鉴定机构等一体化纠纷办案平台，探索信用卡纠纷、金融借款纠纷等特定类型的一体化纠纷化解机制。一体化平台业务数据、电子合同等产生即固化，线上直接提交给法院，实现全流程留痕、全节点见证、全链路可信，快速溯源、采信、利用，实现纠纷精准、专业、一体化快速化解，提升了诉讼服务效率和司法公信力。

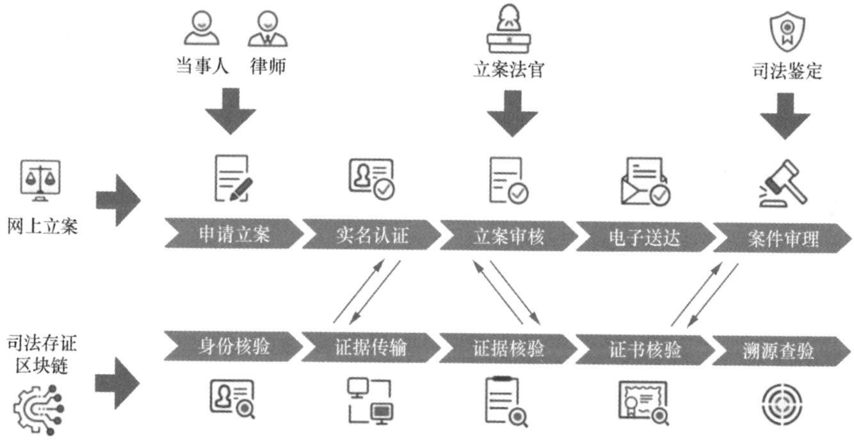

图 53　诉讼中的证据流转示意图

②辅助审判。

法官办案时查看当事人提交证据的上链情况，对存证证书、时间来源等进行查验追溯，辅助其进行证据认定，提升办案效率。同时，法官开展网上审理案件、网上阅卷等工作时，可将用户的行为、关键数据摘要、文书数据摘要、卷宗数据摘要等信息上链存证，可在一定程度上确保案件办理的公平公正。

③公示与送达。

在传统存证当中，文件的公示与送达存在难以确认、耗时费力的问题。但是在实名制支持的区块链司法存证系统中，文件是否进行了公示，当事人是否已经签收了文件，都是可以即时确认且无法抵赖的，从而为法官节约了大量的工作时间。

④辅助执行。

应用区块链技术将执行案件办理过程中涉及的财产查询、控制、处置等信息进行全流程记录，实现财产处置流程的全程可追溯，确保执行案件对被执行人财产的查询、控制，使处置流程规范可靠。

将执行案件中涉案款项的到账、发放信息及相关的电子材料进行上链固证，确保每一个案件的每一笔款项来源、去向清晰可查，确保所有涉案款项流向全程可记录。

将执行案件中失信限高被执行人信息进行上链登记，可对失信限高被执行人的发布、撤销、屏蔽等行为进行全流程可追溯，确保将执行案件失信惩戒的威慑力发挥到最大。

将执行案件中线索悬赏任务、线索提交等材料及信息进行固证，可防篡改、可追溯，确保线索提交责任明确，保证线索悬赏对象明确。

应用区块链技术实现律师调查令的在线申请，并提供协助执行单位在线验证调查令真伪服务，确保律师合理合法利用律师调查令参与执行案件调查工作，充分调动律师参与案件财产调查的积极性，并确保调查行为合理合法、规范高效。

（2）司法协同应用。

基于区块链技术构建公安、检察院、法院、司法局等跨部门办案协同平台，各部门分别设立区块链节点，互相背书，实现跨部门批捕、公诉、减刑假释等案件业务数据、电子材料数据全流程上链固证，全流程流转留痕，保障数据全生命周期安全可信和防篡改，并提供验真及可视化数据分析服务。通过数据互认的高透明度，有效消除各方信任疑虑，加强联系协作，极大提升协同办案效率。

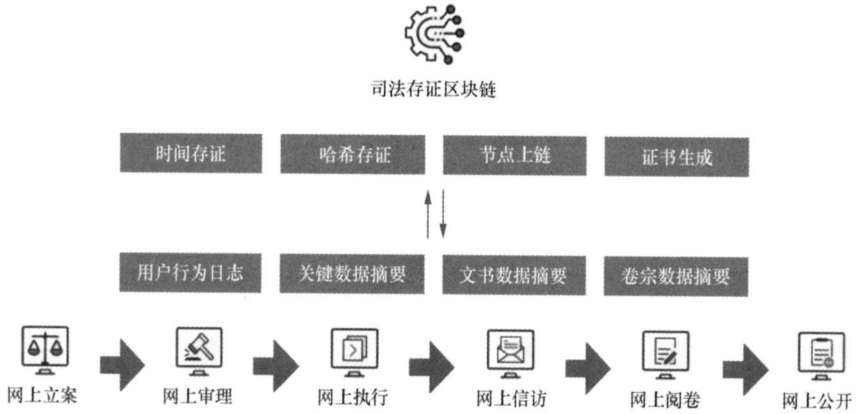

图 54　司法业务流程上链存证示意图

（3）社会存证应用。

①电子合同场景。

电子合同存证平台是一个在去信任的环境下由多方共同维护的防篡改的分布式数据库，该平台借助密码学的数学原理，可以确保数据在区块链上的防篡改与追溯。平台应提供“在线签约（电子合同）＋全业务流程存证”的一站式解决方案，在通过区块链实现合同的数字指纹信息分布式存储的同时，还可快速生成可信电子合同签署证据链，无缝对接和处理合同涉及的纠纷解决、仲裁机构裁决以及电子证据递送等问题；而平台参与方，如国内的司法鉴定机构，可以依托此存证联盟链，对鉴定中心保全的电子证据进行鉴定并出具鉴定报告。此外，针对商业环境以及客户需求，实现竞争公司之间的数据隔离需求，兼顾了参与各方的平等以及链上数据的隐私性，提高了数据在流转过程中的透明性和效率。

②版权场景。

侵权类取证。

侵权类存证场景可以分为两类：第一类是对侵权结果状态的取证，此场景可对侵权的网页进行存证，对侵权行为的时间进行查询和追溯；第二类是对侵权行为过程的取证，属于动态的证据固化过程，此场景需要有相关环境镜像系统进行配合，将证明过程通过可视化的方式展示出来，对某个时间段做到可查询、可追溯、可验证。

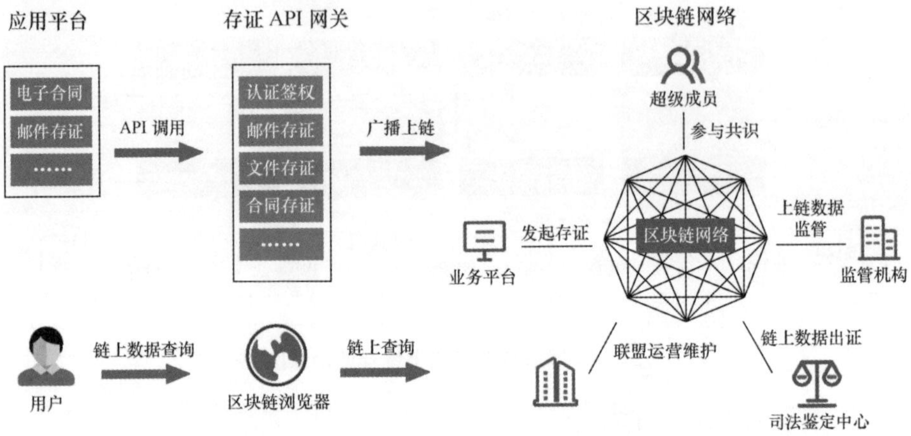

图 55　区块链电子合同平台示意图

图 56　版权侵权取证示意图

• 当发现侵权行为时，快速调用版权服务中的侵权取证接口，对侵权网站进行页面抓取取证，并将取证结果保存在联盟链中；

• 系统对侵权 URL 地址进行域名解析，通过预言机服务将 URL 对应的侵权内容进行存储，并生成可供第三方检测的存证过程合理性证据，将侵权行为固化为证据进行保存；

· 固化后的证据保存在区块链中，被永久存储且不可篡改，符合法律对电子证据的要求。

确权类存证。

确权类存证场景分为以下两大方面：一是知识产权权属证明，应用于版权证明、权利在先证明等领域，是对作品数据进行保护的行为，类似于著作权备案登记；二是平台公告证明，或就发出过公告的行为以及对公告内容本身进行存证，对相关证据提取哈希、数字摘要并对时间进行固化。在进行确权类存证过程中，关键在于证明当事人在某一时刻完成了某内容或进行了某行为，且该时间及内容均不可篡改。

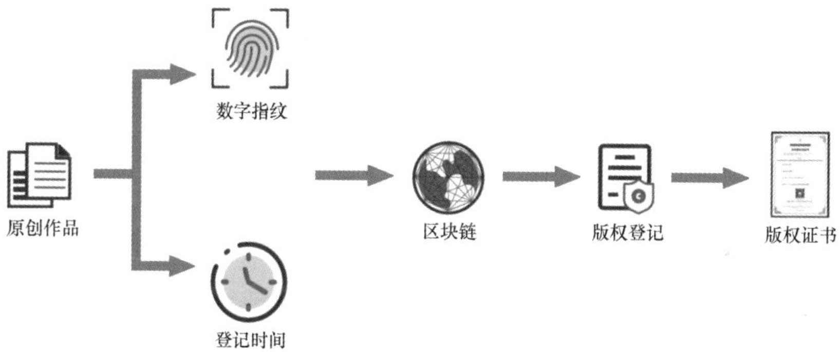

图 57　版权确权存证示意图

· 选择文件、获取数据指纹：选择需要存证的文件，通过哈希算法计算出该文件和关联信息的数据指纹。

· 数据写入区块链：在用户确认后，系统将得到的数据指纹写入区块链中，数据指纹一经写入便无法篡改。

· 获取存证结果：根据用户需求生成证书供用户保留，也可根据用户需求，提供纸质书面报告。

· 数字指纹验证：根据客户需求，在用户需要对存证的指纹进行验证时，提供数字指纹比对查询。

4. 典型案例

上海高院——电子卷宗区块链管理平台

（1）项目背景。

近年来，随着智慧法院建设的不断深化，上海市最高人民法院越来越重视电子卷宗的随案生成和深度应用。2018 年 4 月，全国法院第五次网络安全和信息化工作会议指出，要围绕智慧法院建设特别是深化智能化建设的目标要求，以全面推进电子卷宗随案同步生成和深度应用、强化信息化助力破解执行难等工作为重点，切实推动智慧法院深化完善再上新的台阶。为此，最高人民法院信息中心将电子卷宗的随案生成和深度应用作为 2019 年智慧法院的重点研发任务，上海高院是智慧法院的重点研发任务承建单位之一。

要做好电子卷宗的随案生成和深度应用，首要要做好电子卷宗在法院内部不同部门间建档、流转、补充、归档全周期的管理、留痕、可追溯。为了解决好电子卷宗实际管理中的问题，考虑到区块链技术可追溯、难以篡改等特性在法院内部不同部门、不同办案环节能够固化电子卷宗、还原办案过程、防抵赖的优势，上海高院联合相关业务应用、区块链公司，在原有信息化系统的基础上，共同研发了“电子卷宗区块链管理平台”和“执行案终结本次执行案件智能核系统”，尝试解决跨部门、跨阶段的电子卷宗流转和管理的痛点问题，将执行终本案件办理过程数据、电子卷宗全部上链，并利用智能合约，按照终本合规要求进行链上核查，确保终本条件达成，电子卷宗、办案流程数据的真实可信，提高终本案件的司法公信力。下面介绍该系统平台的具体实现。

（2）方案概述。

电子卷宗区块链管理平台基于独立自主产权的国产化原生区块链技术搭建。区块链系统采用先进的架构设计，具有较高的抗攻击、安全性、稳定性，同时引入司法行业专家、国家标准制定专家、区块链行业专家共同参与，依据法院自身特点进行定制优化，融入国际化标准和设计理念，旨在能够固存具有司法效力的电子证据，确保验证电子证据真实性的一切必要信息全程区块链固化保存。

①功能架构。

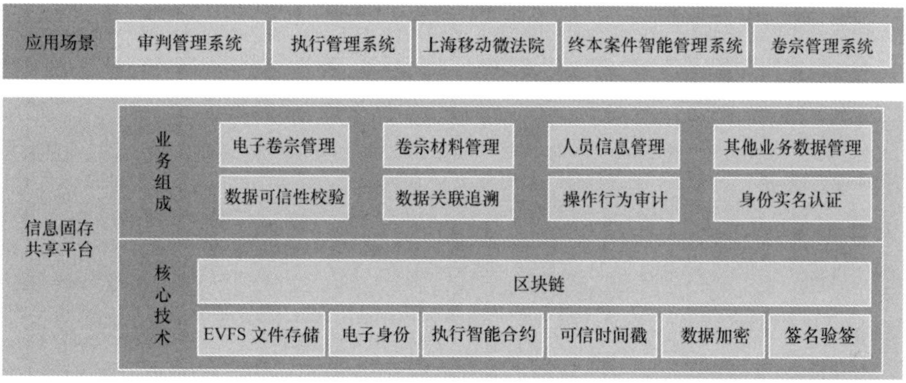

图 58　基于区块链的司法存证平台功能架构

业务组成部分通过区块链的智能合约实现对上链的电子卷宗信息、卷宗材料、人员信息以及其他需要固存共享的业务数据进行管理，其中包括版本管理、上链操作合规性验控等，确保上链数据的版本清晰准确，操作人员和系统合法等。同时提供一系列安全调用接口，实现如数据可信性校验；各种法院上链数据的关联性追溯，从而了解数据的真实演变过程和数据间的业务关联关系（如上链的卷宗材料和电子卷宗间的关系）；同时由于所有链上操作行为全程留痕，因而可以通过多平台的审计接口了解到任何时间数据被哪个系统和哪个人进行了变更、查阅等相关操作行为。

核心技术部分通过上海高院和各中院数据中心分布式维护平台服务器环境，以区块链为核心，结合可信时间服务、数据加密、签名验签等多种先进的技术强化平台对数据的安全、可靠、防篡改的能力，最终实现数据一致存储、无法篡改以及无法抵赖的目的。

②业务流程。

各法院业务系统通过和平台对接，将与案件相关的电子卷宗及相关业务数据上链固存，确保在案件立案、分案、审执、结案、归档以及上诉申请再审等各环节流转过程中产生的电子数据在形成、传输、保存、利用全过程中的安全可信、真实防伪、不被篡改。电子卷宗的任何变化内容和传递、借阅等操作行为将会在区块链中留下痕迹，从而构建出电子卷宗的完整演变轨迹，这为日后审计和追溯提供了有利的技术支撑。

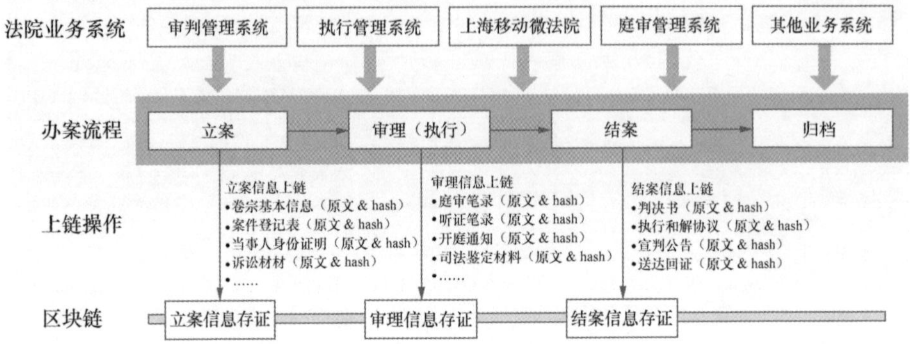

图 59　基于区块链的司法存证平台业务流程示意图

③创新亮点。

原有电子卷宗在存储和流转的过程中，并没有找到一种很好的解决方案来保障其存储安全。而电子卷宗的安全得不到保障，为电子卷宗的使用蒙上了一层阴影。同时，不同法院的信息化建设和信息化水平参差不齐，随着信息化程度的加深，数据量不断增加，数据分类更加精细复杂，司法活动中信息传递效率比较差的问题逐渐凸显。

针对上述问题，结合区块链技术，使电子卷宗信息上链，可做到防篡改可追溯，有效提升安全性，并且可做到信息固存共享，提升信息传递效率。

由于电子卷宗中的所有卷宗材料和业务数据均经过平台的区块链加以固存，有效杜绝了数据的被篡改和丢失，因而可以显著降低结案后归档阶段对电子卷宗内容的审核和验收工作量，比如曾出现的由于电子卷宗中材料在随案生成时与纸质内容存在差异，甚至缺失，而造成归档验收期间有时需要二次扫描并花费大量精力进行档案扫描与纸质内容核对的现象。

同时由于法院办案过程中需要借阅案件的电子卷宗材料，甚至需要和协助单位进行卷宗材料共享，而信息固存共享平台利用区块链并结合数据加密、电子身份认证等技术，有效确保电子卷宗借阅和共享时的真实防伪、不被篡改，实现了电子卷宗的安全可信。

5. 更多案例

北京互联网法院“天平链”电子证据平台

“天平链”是北京互联网法院以“开放、中立、安全、可控”为建设原则，以通过主动式规则前置、司法全链条参与、社会机构共同背书、构建丰富应用为建设内容，以支持创新互联网审判模式为建设目标而进行建设的司法区块链。

自2018年9月9日上线以来，“天平链”完成跨链接入区块链节点18个，已完成版权、著作权、供应链金融、电子合同、第三方数据服务平台、互联网平台、银行、保险、互联网金融等9类25个应用节点数据对接。天平链在线证据采集数超过472万条，跨链存证数据量已达上千万条，案件审理中验证跨链存证数据945条，涉及案件58个。截至2019年4月17日，基于“天平链”认证判决案件1件，促成当事人和解的调解案件41件。

杭州互联网法院“司法区块链”

2018年9月18日，杭州互联网法院上线司法区块链平台。至今，该司法链已经汇集了3.9亿条的电子数据，相关案件调撤率达到96%以上。

杭州互联网法院在推动司法与区块链融合方面做了大量的有益探索并积累了丰富的实践经验。

2018年12月，中国网络作家村上链司法区块链平台。通过司法区块链可以有效解决作者身份确定难、作品形成时间及内容固定难和侵权证据取证难等问题，帮助网络作家们足不出户、一键维权。

广州互联网法院“网通法链”

广州互联网法院从顺应互联网产业发展需求出发，打造以审判为中心、以预防为抓手的可信电子证据存证平台——网通法链。

网通法链的建设以区块链技术为核心，通过密码学、共识算法、证据规则等要素的整合，建立了权威的多方数据存证模式。为确保数据的存储开放中立、安全可信，广州互联网法院与广州市中级人民法院、广州市人民检察院、广州市司法局、广州知识产权法院、广州铁路运输中级法院、中国广州仲裁委员会、广东省广州市南方公证处、广州公证处等 8 家单位共同组建了司法区块链。

2019 年 3 月 30 日网通法链上线运营，目前存证的电子数据已经超过 545 万条。

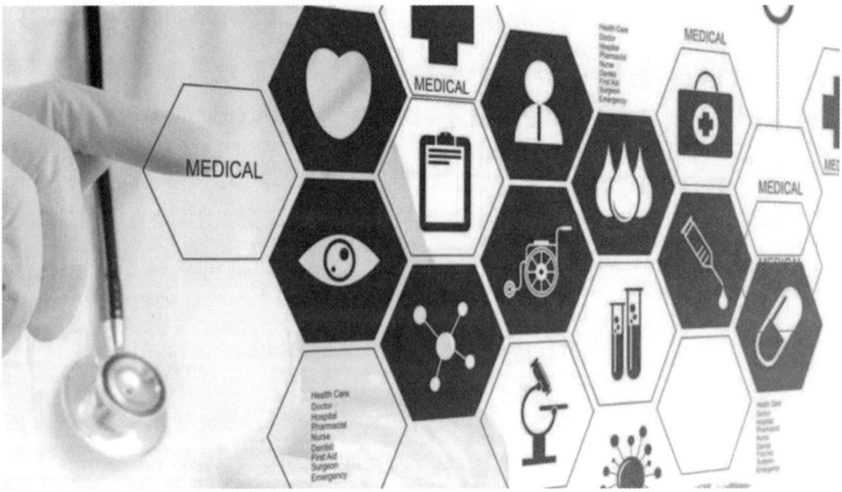

图 60 医疗健康示意图

（三）医疗健康

医疗健康服务参与方包括患者、医生、医院、药企、保险和政府等。由于经济发展和资源配置的不均衡以及医疗体制改革的相对滞后，医疗服务的普惠性、范围、能力和水平同患者的医疗需求间依然存在着不协调的问题，医患关系出现一定程度的紧张，医疗纠纷事件频发。所以，国家大力推动医疗体系改革，目的是为人民群众提供安全可靠和高效便捷的医疗健康服务。目前，政府在大力推动医疗互联互通平台及智慧医院的建设，并将医疗信息化定位为医改的核心支柱之一，对其发展战略和方向有着明确的指引，大力支持医疗信息化的创新应用。

1. 医疗健康服务中的痛点

随着医疗信息化的建设，电子病历与临床信息系统等得到快速发展，医疗健康数据呈现指数增长。然而，对这些涉及居民个人健康和隐私的大量数据，如何高效地存储、管理、分享，成为限制行业发展的痛点。当前医疗健康服务行业面临的痛点主要体现在以下几个方面。

（1）医疗机构间存在数据孤岛问题。

医疗体系经过多年的信息化建设，各医疗机构及监管机构都建立了相关的信息化系统，办公自动化及无纸化能力已经取得快速的发展。但是，由于各系统建设的相对独立，导致数据无法互联互通，数据孤岛问题普遍存在，患者诊疗及健康数据无法实现归一化管理。

（2）数据安全共享与隐私保护存在缺陷。

医疗健康数据的完整性是实现精准医疗及价值医疗的基础。医疗健康数据涉及患者个人隐私，属于敏感数据，而现有技术手段无法有效保障医疗健康数据的安全共享，因此，各个医疗机构为了防止医疗数据使用流转过程中的隐私泄露，更为保守地选择了不共享，从而进一步加剧了数据孤岛问题，导致了医疗机构、科研机构、药品研制机构等由于无法得到患者或相关机构的授权，因而缺乏持续可信赖的完整医疗健康数据用于医疗科研，多医疗机构间的协同诊疗也难以推进，难以充分发挥医疗健康数据的价值。

（3）机构间业务协同效率低下。

整个医疗诊疗过程需要患者、医疗机构与医疗保险机构之间相互协同工作，各个主体之间需要进行频繁的信息交互。由于目前信息流转不畅，导致医疗保险报销过程效率低下：一是患者在理赔过程中手续复杂、流程烦琐，容易造成赔付的不及时；二是医疗机构出于隐私安全的担忧，和保险机构之间信息互通的程度较低，在保险报销流程中花费较长时间来整理纸质病历资料；三是医疗保险提供方掌握数据有限，需要花费高额成本进行资料审定与索赔检查，有时需要专门的核保部门来规避骗保等风险。

（4）政府监管困难。

医疗器械、药品与疫苗等与公民生命健康息息相关，监管机构对整个医疗供应链的监管要求明显高于一般产品。但由于供应链上交易主体众多，流程比较长，每个环节信息都散落在各个主体内部，数据更新与同步不及时，导致监管部门无法针对流程进行有效监管。虽然，各地都在纷纷建立溯源和监管平台，但由于存在事后报送、数据真实性无法保证以及中心化系统可能存在作弊和篡改风险等因素，导致监管及追溯难度较大。

2. 区块链针对医疗健康服务痛点的解决方案

区块链的去中心化、全程留痕、难以篡改、准匿名等特性，能够在一定程度上优化和缓解目前医疗健康领域存在的诸如隐私保护、信息安全、数据孤岛、高效协作和监管溯源复杂等难题。目前，区块链在医疗领域较典型的应用主要聚焦于以下几个方向。

（1）基于区块链的互联互通。

一些省市建设了区域卫生信息平台，在一定程度上解决了互联互通问题，但依然存在一些现实制约。区域卫生信息平台中的数据来自各医疗机构生产系统，由于各个医疗机构之间的系统相互独立，导致区域卫生信息平台收集到的数据参差不齐，重复、冗余、老旧等无用数据较多，甚至出现信息不一致等情况。如何保证这些数据的实时一致性是信息化建设的重点，也是难点。平台中数据的实时更新、准确性和完整性都直接影响了互联互通的质量和效果。借助区块链的分布式网络冗余特性及数据不可篡改、可追溯特性，可以保证医疗数据的完整性；通过区块链的分布式账本技术，所有数据参与方共同维护同一数据账本，可保障所有参与方数据访问操作的一致性、实时性及准确性。

（2）基于区块链的数据共享。

只有获得针对个体完整的监测数据，才有可能预测疾病的发展趋势，提供有效的干预方案。借助区块链技术构建医疗信息存储与共享平台，可以实现各机构间以患者信息为中心的互操作性，解决跨机构、个人间的信任问题，实现数据安全共享和个体医疗健康数据的汇集。区块链不可篡改性保证了医疗数据使用流转过程中数据不被篡改；透明性和可追溯性使数据共享易于审计和追责，一定程度上解决了医疗数据滥用的问题；通过非对称加密技术可以保护个体医疗数据的隐私和安全；医疗数据分布式存储可以有效防止数据丢失；完全由个体管理自己的医疗数据和委托授权，实现了医疗健康数据所有权的回归。

（3）基于区块链的业务办理。

区块链的去中心化、开放透明、不可篡改、安全可靠与智能合约特性可在一定程度上缓解医疗保险行业所面临的问题。利用区块链智能合约的灵活可编程特性，基于提前约定的理赔条件，通过编写的智能合约，在达到理赔触发条件时自动执行合约理赔，可以降低保险的人工理赔成本。区块链的开放性和透明性可以减少信息的不对称性；不可篡改性可以让保险机构与投保人之间更加互信；同时保险机构可以更好地进行风险控制，医疗机构也可以更好地进行资料的整理和外部审计，从而整体提高医疗保险生态的业务协同能力。

（4）基于区块链的行业监管。

国务院办公厅 2018 年 8 月印发《关于改革完善医疗卫生行业综合监管制度的指导意见》，要求加强医疗服务质量和安全监管。区块链技术所具有的去中心化、数据不可篡改、交易可追溯以及基于时间戳的证明机制，可以较好地解决医疗服务及药械供应体系内各参与方因利益纠纷而导致的信息无法实时流转、数据造假等问题，建立起基于“共识”技术的信任机制，提高政府对医疗行业的监管效率，实现有效的追责和产品防伪，保障药品和药械供应安全。

3. 区块链在医疗健康服务中的主要应用

（1）处方流转。

长期以来，“以药养医”“处方不透明”一直是医疗领域饱受诟病的问题，也是导致“看病贵”的主要原因之一。在电子处方及处方信息共享平台的建设应用过程中，患者、医疗机构等各相关方还有诸多担忧与疑虑，这在很大程度上影响了各方的参与积极性。电子处方的本质是电子存证和信息共享，因此，其落地关键点依然集中在确权、存证、防伪、隐私保护等方面。

采用“区块链＋处方流转”的模式，以分布式智能服务的方式，可将患者、医院、药店、医保机构、监管机构连接到一起，其中包含了区块链加密储存的底层、链上服务的互联互通层和线下执行的业务逻辑层，可实现链上链下通联、数据隐私保护、授权访问和资源调动。这样，身处共享平台的各方通过授权交换必要的处方配药信息的方式，能够在不泄露患者隐私信息的前提下，保障电子处方的合规流转、安全访问、一方一用、及时报销，在全生命周期内可审计、可追溯。

（2）双向转诊。

为了合理利用医疗卫生资源，政府提出了双向转诊、上下联动的分级诊疗制度，目标是建立有效、严密、实用、畅通的上下级转诊治疗渠道，为病人提供具备整体性和持续性的医疗服务。一些区域虽然建立了双向转诊平台，但是大都局限在上下级医院的就诊挂号方面，患者转诊之后的完整医疗健康数据仍留存在原医院，不能被转诊后的医院参考利用。

区块链技术可以实现参与双向转诊的医疗机构互联互通。患者转诊时授权医疗机构将个人医疗数据上链存储，医疗机构对上链数据进行签名确认，保证权责清晰。转诊后的医院申请调阅原医院数据时，经患者授权后，可以查看患者完整数据，提高诊疗效率；同时将医疗数据的访问行为进行上链存储，保障医疗数据操作行为的可追溯。借助区块链技术可以为患者提供安全、有效、便捷、价廉的双向转诊医疗服务。

（3）医学科研平台。

使用完整的个人医疗健康数据进行科学研究，是保证医学科研成果可靠性与准确性的前提条件。如何保证跨机构、跨平台的数据安全共享，实现个人健康信息的流转与聚合，一直是医疗信息化建设者重点关注与思考的问题。

区块链的分布式账本技术、安全性和不可篡改等特性，可以让参与数据共享的主体之间建立信任和共识，助力医疗数据共享业务的建设与发展。使用区块链技术构建一个跨机构的医疗科研数据共享平台，可以为医疗领域科研人员提供开放式协作创新环境，支持医疗机构高效率、高质量地产生学术研究成果。医疗健康数据的共享与流转可用智能合约来实现，在数据共享流转的过程中，自动收取相应的报酬等。此外，将需要审计追溯的操作日志都进行上链存储，可保证数据资产操作的透明化、可审计和可追溯。

（4）医保清算。

全国有众多医保机构与商业保险机构，并且机构间与医院之间互联互通程度不高。在医疗保险行业中，投保人、医疗机构和医疗保险提供方三者之间要进行频繁的业务往来，但效率低下。

利用区块链的多方共识、不可篡改、多方存证、实时查询等优势，在医保机构与众多商业保险机构之间可搭建一条联盟链，构建起基于技术的信任关系，用户通过 App 等终端就可以发起医保报销请求和数据使用授权，系统自动进行实时清算。请求发起后，基于信任关系，商业保险机构利用医保系统中的患者就诊登记信息及就诊结算信息进行商业保险清算。通过区块链智能合约自动化实现医保就医结算的完整流程，可以大大提高医院和医保机构的工作效率，实现一站式的医保结算。

（5）药械溯源。

近些年来发生的一些涉及药械的安全事故令公众产生了强烈的不满情绪和不安全感，严重影响了患者的就医体验。为了杜绝此类恶性事件持续发生，政府进一步加强了对药品、药械的监管力度。药品、药械溯源涉及时空流转和多机构参与，流程长、环节多，中间任何一个环节出现问题，都会增加监管追溯的难度。

基于区块链去中心化、数据可追溯、数据防篡改等特性，可以保证药械数据在区块链上不可篡改，确保药械从生产到销售全流程的唯一性。区块链与物联网、GIS、大数据等技术融合可以优化药械溯源业务系统，为政府和有关部门提供合理、有效的监管手段。

4. 典型案例

海南——博鳌乐城先行区特许药械管理平台

（1）项目背景。

中国新研药水平相比发达国家还有明显差距，中国对全球先进药械的引进，平均滞后 3—5 年。特许药械到岸后过程涉及海关、保税仓、物流、医院仓库等环节的交接，如果在运输、存储过程中均缺乏有效监管手段，则存在走私风险，而且一旦发生违规行为，无法及时发现与事后追责。传统追溯监管平台采用集中式存储方式，追溯监管信息有被篡改风险。特许药械的重要性使得审批环节也极其复杂，患者需要往返省市药监、卫健委、医疗机构等多地多部门，进行面对面办理，从申请到患者使用平均需要 60 天，甚至最长 6 个月的办理周期。因此造成了国内部分患者用药难、治疗难的问题。

针对这一问题，国务院批复海南设立博鳌乐城国际医疗旅游先行区，并赋予了先行区 9 条优惠政策，允许在先行区范围内进口及使用临床急需的少量进口药品和医疗器械，用来缓解国内患者用药难、治疗难的现状。“管得住才能放得开，服务持续优化。”先行区管理局与东软集团以法律法规为依据，以监管网络为基础，以信用体系为载体，以信息技术为支撑，共同规划建设特许药械管理平台。

平台采用物联网技术可以保障数据采集的真实性。同时，利用区块链技术的时间戳特性可迅速校验出各环节先后顺序的逻辑性是否有误，做到一旦发现问题，迅速发出警示。

（2）方案概述。

该平台使用物联网、移动互联网、区块链、电子签章等新一代信息技术，实现乐城先行区特许药械的在线电子审批、追溯监管、不良反应监测，实现进口特许药械的来源可追溯、去向可查证、责任可追究。

系统的建设采用物联网＋区块链技术设计方案，利用物联网技术保障数据采集的真实性，利用区块链的分布式存储特性有效地防止数据被违规篡改，保障数据安全。同时通过建设基于电子签章技术的电子审批系统，实现审批工作数据共享与高效办理。一方面，实现“不见面”完成审批咨询、申请与资料上传及智能化告知审批经办情况与结果；另一方面，实现行政审批内部审查、决定等环节的全程无纸化操作，对审批全流程及经办情况实时监控。将建设前线下办理需 27 天甚至 6 个月的办理周期缩短至最快当天申请、当天审批完成。从而缩短了周期，提高了效率，降低了成本。

（3）业务流程。

平台利用区块链与物联网技术对国外进口的特许药械从申请、审批、采购、通关、运输、储藏到使用全过程的重要数据进行实时自动采集与上链存储，解决传统监管手段中存在的数据造假、篡改数据等难点问题，确保信息真实、准确，确保数据安全、不可篡改。

在保障数据真实、数据安全的基础上，利用电子签章技术，实现特许药械申请的“不见面”线上办理，解决患者需要往返先行区医疗机构、海南省药监局、卫健委等多地多部门进行面对面申请办理的低效率问题，提升办公效率、降低办理成本、缩短办理周期。

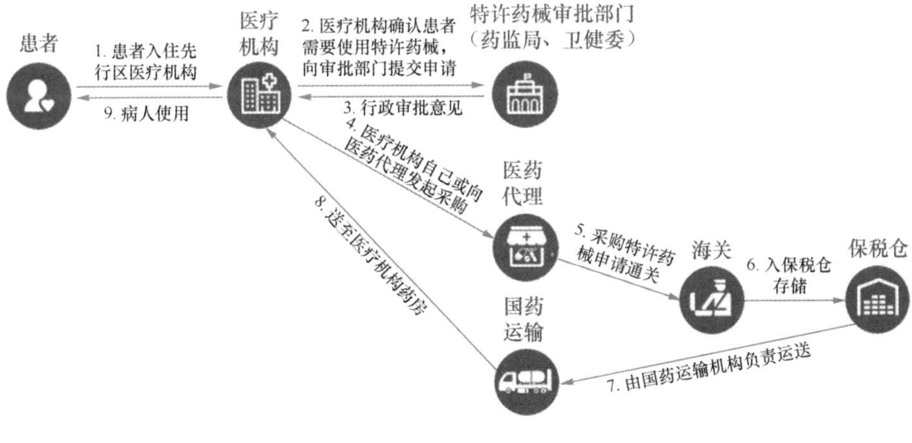

图 61　业务流程示意图

(4) 创新亮点。

博鳌乐城先行区特许药械管理平台通过将国家下放的特许政策与区块链、物联网等信息化技术相结合，创新和加强监管职能、创新监管体制、优化营商环境。

一是创新和加强监管职能、创新监管体制。平台建设利用新技术积极探索和加强监管体制创新，通过信息化手段实现智能监管。

使用定制研发的智能追溯终端设备，对所监管的特许药械位置进行实时采集与上报。同时对监管物品所处的环境信息（如温度、湿度、光照）进行实时采集，确保被监管物品的实时被监控状态。

在流通环节：当特许药械到达口岸后，将特许药械安置在智能追溯终端，特许药械即处于被监控状态。智能追溯终端将实时采集特许药械位置及环境信息，并与追溯监管子系统进行实时数据传输，实时了解特许药械的流通状态。

在监管环节：当特许药械储藏在保税仓或医疗机构库房时，可以通过在GIS平台设置电子围栏，确保特许药械处于合规区域。一旦特许药械在未经授权允许的情况下出现位置改变，系统将根据电子围栏已设置的离开库房、离开医疗机构、离开使用区域等参数进行多级报警，并为监管人员提供特许药械实时位置与移动路径，为应急指挥提供支持。

为保障追溯监管数据的真实可靠，系统在采用物联网设备代替人工输入的方式，减少人工干预的基础上，利用区块链技术对特许药械从申请到使用全过程中的重要数据进行分布式存储，确保信息不被篡改。

二是优化营商环境。有了基于区块链与物联网技术的追溯监管平台，进口的特许药械有了有效的监管手段，数据真实性与数据安全性得到了保障。在此基础上，为了减少患者等待时间，先行区管理局与药监、卫健、海关等相关管理部门沟通合议政策的进一步放开，大胆尝试在尚未上岛之前就允许患者提出用药申请。低风险的生物制品，如单克隆抗体被允许先入保税仓，再进行检验、检疫，患者抵达后可立刻取出使用。

(5) 应用成果。

乐城先行区对特许药品的应用最早一例开始于 2015 年，到 2019 年 7 月底，共有 14 个品种的特许药械获批应用。2019 年 8 月，乐城先行区管理局设立，特许药械管理平台上线使用，此后特许药械品种激增。截止到 2020 年 1 月 12 日，乐城先行区共获准使用的临床急需进口药械达 51 个品种，涉及美国、德国、澳大利亚、荷兰、新加坡等多个国家。

乐城特许药械管理平台的建设，有效提升了乐城先行区特许药械监管水平、服务效率与服务能力。助力先行区发展打造世界一流的医疗旅游胜地、医疗高端人才聚集区和健康领域国际交流平台。同时，乐城特许药械管理平台的建设也为国家药械遴选提供临床试验数据支持；为海南自贸港进口商品监管提供示范；为加快国际药械在中国注册上市、提升国内药械研发水平、开展临床真实世界医疗数据研究奠定基础。

（四）区块链助力抗击新冠疫情

2020 年初，突如其来的新冠病毒肺炎疫情对我国乃至世界造成了极大的影响。如何阻断病毒扩散、防止疫情蔓延，是我国面临的“大考”，也是世界各国正在面临的棘手问题。在以习近平同志为核心的党中央的坚强领导下，疫情得到有效控制，形势正在向好的趋势发展。

2020 年 2 月 3 日，中央政治局疫情防控工作会议强调，要加大科研攻关力度。2 月 4 日，国家卫健委与工信部分别发布了《关于加强信息化支撑新型冠状病毒感染的肺炎疫情防控工作的通知》《充分发挥人工智能赋能效用，协力抗击新型冠状病毒感染的肺炎疫情的倡议书》，强调要加强大数据、人工智能等科技技术在防疫抗议过程中的重要作用。

新冠肺炎疫情是一次危机，也是一次大考。面对本次大考，大数据、云计算、人工智能等新一代信息技术交了一份亮眼的答卷。远程医疗服务、互联网诊疗咨询服务、“互联网＋”政务服务、人工智能、区块链、大数据、5G 等信息技术助力疫情阻击战，充分发挥了信息化在辅助疫情研判、创新诊疗模式、提升服务效率等方面的支撑作用。在政策的引导及社会的响应下，众多科技型企业发挥技术优势，在多领域开展相关应用，为疫情防控开发的新产品、新服务、新应用纷纷亮相，助力提升治理能力和治理效能。

在这次的疫情阻击战中，区块链也发挥了重要作用。从公益慈善、行程信息共享、助力复工复产，一大批区块链应用已纷纷落地。

1. 公益慈善捐助

在疫情面前，全国人民团结一心，来自五湖四海的慈善援助不断汇聚。但公益慈善从捐赠到用款的全过程流程长、涉及面广、参与方多，传统上单纯依靠公益组织全程操作，不仅要高效完成捐赠活动，而且要承担繁重的信息公开工作。在疫情期间，突发性的工作量暴涨，使公益组织人力和各方面资源难以有效满足社会需求，问题集中爆发，表现为“需求难发声，捐赠难到位，群众难相信”。

区块链凭借去中心化的特点，可以将慈善公益项目相关的信息分布在网络各个节点上，在确保信息真实可靠的前提下，杜绝了虚假公益项目以及个人组织谋私利的情况。

区块链上的信息公开透明、可溯源，能够精准对应每一笔款项的捐赠者与接受者，最终钱款物资的用途和去向也将被公示，可以点对点地查询和追溯相关的责任人。在智能合约的配合下，只要设定好相关的条件和要求，在链上都可以一键追踪溯源，这不仅可以增强捐助物品的透明度，也避免了更多的人力资源浪费和重复工作。

针对慈善捐赠以及抗击疫情中的难题，区块链致力于打通慈善捐赠的全流程，包括“寻求捐赠——捐赠对接——发出捐赠——物流跟踪——捐赠确认”的全部环节，对慈善各个环节的数据进行存证。平台将捐赠指令、资金流向、捐赠反馈等记入区块链，方便捐赠人查询追溯，让每一分善款有迹可循，确保捐赠在阳光下运行。

2. 行程信息共享

在疫情防控过程中，区块链技术在人员流动信息追踪和社区治理中发挥重要作用。区块链技术将数据上传到疫情防控协同系统后，可实现安全加密，提高数据的获得效率和安全性，还使数据具有不可篡改性，增强数据的公信力。系统内的数据全程可追溯，为疫情防控提供可信数据化支撑，为政府部门精准施策提供决策辅助。

趣链科技为北京市朝阳区发改委搭建了商务楼宇疫情防控信息采集系统。该系统通过区块链技术，提供了全面、可信、可追溯的防疫信息收集与统计，实现了从工作组到街乡、从街乡到楼宇、从楼宇到进出人员的层层追溯与可信统计，完成了疫情信息收集的逐步深入与层层覆盖。

据统计，该系统服务的区域已经覆盖朝阳区 43 个街乡、1131 座楼宇、52300 家企业，超过 100 万名员工及访客。面对如此庞大的数据，系统是如何保障覆盖地区疫情防控的呢？

原来，基于楼宇物业实时上报的发热人员（体温超过 37.3℃）信息，通过系统的区块链可信数据追溯，快速定位感染者的活动位置，第一时间将定位信息、人员信息进行分布式统计。根据这些信息，朝阳区发改委与当地定点医院就能第一时间聚焦发热人员，并推出及时准确的应对政策。

不仅如此，在物业、各家企业、员工每日填报的防疫消毒、人员身体状态等相关数据实时上链的基础上，系统的运行还有助于使用方把控人员流动路径，促进其他省市、各区县防疫数据的可信交换与共享，达到多方联合开展防疫工作的目的，确保疫情控制手段及时有效。

3. 助力复工复产

疫情的出现，对很多业务的开展产生巨大影响，线上化、远程化、数字化成为趋势。区块链作为新一代的数据管理技术，在抗疫复工的各个方面发挥了重要的作用。尤其是在为中小企业提供金融服务方面，区块链技术可以帮助避免数据造假、打破数据孤岛以及解决数据共享、隐私等问题，同时可以在金融及社会领域带动对“公共信用”的重视和发展“公共信任资本”体系建立。

因此，很多政府部门、央企、国企、行业龙头、金融机构在此期间都行动起来。中化集团电子采购平台运营团队将利用成熟完备的电子招投标系统、远程视频评标系统、区块链身份识别系统等在保证安全健康情况下，高效实施并完成采购任务，同时成功阻断人员聚集，助力疫情防控。其中，中化商务电子招投标平台推行远程不见面线上招采业务，通过建立平台身份门户，利用区块链技术提升身份认证的精确性和安全性，同时整合多个招投标平台相关系统的数据，对招采过程进行有效监控和存证，形成完整的证据链。

通过利用区块链可追溯、难以篡改、共享账本的技术特性，可以有效解决现有供应链金融体系中的信用传递、信息造假等痛点问题，从而加速盘活资金，提升服务效率，为供应链条上的中小企业提供更多资金支持。供应链金融有效服务中小企业，必须建立在及时、透明、可追溯以及关联管理的基础上。使用区块链技术赋能供应链金融体系，能够解决供应链金融业务中信用传递难、信息造假等痛点问题，继而将更高效、精准的融资服务传递至链条上更末层级的小微企业，缓解其资金压力，助力复工复产。

疫情期间，金融机构纷纷开展线上供应链金融服务，以纾解供应链条上中小企业融资之困。目前，已有金融机构、金融科技公司以及供应链条上的一些核心企业开始探索使用区块链等数字技术，助力提升供应链金融服务效率，稳定供应链运营，帮助链条中的中小企业防疫。

三、智慧城市

图 62　智慧城市示意图

要推动区块链底层技术服务与新型智慧城市建设相结合，探索其在信息基础设施、智慧交通、能源电力等领域应用的推广，提升城市管理的智能化、精准化水平。要利用区块链技术促进城市间在信息、资金、人才、征信等方面更大规模的互联互通，保障生产要素在区域内有序高效流动。

（一）智慧能源

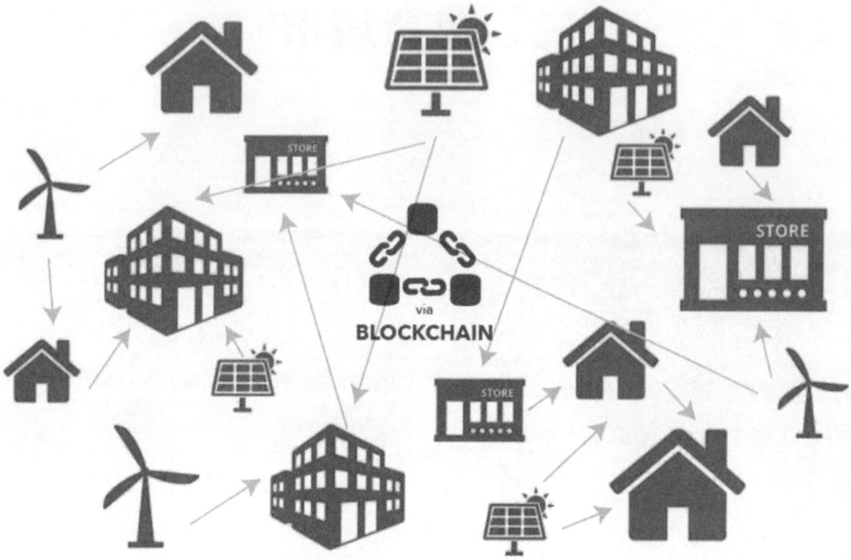

图 63　区块链赋能智慧能源

电力工业的产品是电能，电能是一种清洁可靠、使用便捷安全的二次能源，它能够在使用过程中，根据不同的需求转变成光能、热能、机械能等。以上这些优势，使电能成为现代社会应用最为广泛的能源，是现代社会生产和生活的重要物质基础。

电力工业作为我国国民经济的重要组成部分之一，为国民经济的发展提供了能源动力，属于国家第一基础产业，电力的供给关系社会稳定和经济发展。

与其他行业相同，电力工业的发展具备生产、运输、销售等一系列完整的流程，但电力生产同时具备电能生产、输送、分配、使用等特殊性，即电力工业具有生产和消费的双重属性。电力工业的供求关系直接影响国民经济、社会生活的方方面面，比如工业生产、信息系统、照明系统等都离不开电力工业的支持。电力工业作为现代经济的基础工业，做到安全稳定的发展至关重要。

1. 能源电力中的痛点

当前，能源与信息技术已进入深度融合的全新时代，特别是能源互联网概念的提出，使得能源发展与信息化技术、分布式能源等有机结合起来，使各个能源子系统之间的互联互通成为可能。

分布式能源存在的问题

分布式能源（DER）是指分布在用户端的能源综合利用系统，系统将电力、热力、制冷与蓄能技术结合，以直接满足用户多种需求，实现能源梯级利用，并通过公用能源供应系统提供支持和补充。

传统的大电源、大电网的单一运营模式在一定程度上已不能满足当前能源转型的需求。因此，利用效率高、环境负面影响小、能源供应可靠性强、损耗率低、运行灵活和经济效益好的分布式能源得以迅速发展。

随着电能生产价格的不断下降以及政策层面的有力支持，分布式能源正得到越来越广泛的应用。天然气分布式冷热电联供、分布式光伏、分散式风电、分布式储能、需求侧响应、分布式可再生能源供热等技术的发展，使得能源转型不断加速。

（1）能源电力调度复杂。

“分布式能源的调度直接影响电力系统在安全可靠、稳定高效方面的表现，是保证电力资源优化配置的基础。能源电力调度工作是电网管理的常规性工作，传统的能源电力调度管理中缺乏完善的问责机制，电力调度系统复杂，在管理过程中容易出现管理漏洞，造成严重的安全隐患问题。在联合调度模式下易产生安全性管理不统一的问题，在系统调度模式下机构的监控能力不强。同时，在调度过程中，由于系统运营成本较高，从而产生较大的损耗，影响电能传输效率。”①

① 胡伟、姚文慧：《基于区块链的能源电力供需网调度优化模型》，《系统管理学报》2019 年第 6 期。

（2）交易模式需改进。

“传统市场主体之间进行交易时多采用集中化模式：发电商与用户将数据上传至中央处理系统，通过集中撮合或者优化等方法匹配供需双方。但随着类型多、数量广的分布式能源的兴起，交易数量、规模以及信息数据随之增加，集中决策的方法会使得交易中心的运行成本变高，同时耗时增加。如果交易中心内部暗箱操作或者遭受外部黑客攻击，交易的安全性和参与主体的隐私将无法得到保障。在此背景下，具有参与者众多、单笔交易量小等特点的分布式交易模式逐渐成为一种交易趋势。分布式交易决策过程中缺少中心监管机制，如何对交易双方身份进行核实并通过校验信息来确保交易安全是亟待解决的问题。”①

能源互联网存在的问题

能源互联网是通过电子、电力、信息等技术，将大量分散的分布式能源连接起来，不仅实现分布式能源的能量采集、上网以及局域内部的电能输送调配，同时建立了各分布式能源之间、分布式能源与集中式电网之间的互联互通，通过大数据技术及基于信息的智能调控，实现各种能源在整个网络中的高效互联、相互补充，扩大清洁能源适用范围，提升环保水平。

（1）数据存在风险。

传统的能源互联网采用中心化的数据存储方式，数据备份也是同步进行的，这就使得数据可能面临被恶意攻击、被恶意篡改等威胁，这就需要使用非中心化的数据库来实现智能电网抵抗风险的能力。

（2）信任成本高。

“能源互联网最重要的特征之一是分布式能源的大量使用以及‘互联网＋智能能源’的联合应用，由此会产生海量的、高密度的数据交换，在保证系统稳定性和安全性的同时，让小型分布式能源交易接入或城市微网电能输出都具备可信性、安全性。对比之下，传统能源互联网结构很难实现成本

① 王蓓蓓、李雅超、赵盛楠、陈浩、金逸、丁羽：《基于区块链的分布式能源交易关键技术》，《电力系统自动化》2019 年第 14 期。

低、可信度高、大规模的异构用户交互。”①

泛在电力物联网存在的问题

建设泛在电力物联网为电网运行更安全、管理更精益、投资更精准、服务更优质开辟了一条新路，同时也可以充分发挥电网独特优势，开拓数字经济这一巨大蓝海市场。但泛在电力物联网同时也存在一些问题。

（1）网络阻塞。

泛在电力物联网需要将大量数据采集终端接入网络，数据通过网络传输至服务器计算中心进行处理，在此过程中，因数据量巨大，需要占用较多的网络资源，当数据大量增加时，会造成严重的网络阻塞，进而影响计算性能和响应时间。

（2）异构交互困难。

泛在电力物联网在建设过程中，为了兼容不同厂家、不同时期的数据节点，需处理大量异构节点数据接入问题。物联网行业现有标准不统一，物理层和工业网络各有不同标准且相互不兼容，应用层也没有统一标准，这就使得对于同一种设备由于软件协议的不同要实现交互也很困难。因此，还需要针对物联网设备终端，建立微型分布式模型，为分布式网络中心统一上传数据。

2. 区块链针对能源电力中的痛点的解决方案

“区块链能够有效降低信任成本，提高交易效率且安全可靠，而能源分布式发展趋势已成全球共识并不断应用信息化手段实现互联互补。区块链技术的去中心化、开放共享、自治安全等与能源发展趋势正相吻合。区块链运用于能源领域，将有效支撑多类型能源系统的开放互联和多用户的广泛深度参与，通过共同维护可信任的分布式账本，能够实现未来能源交易中能量

① 程冬玲、申晨：《区块链和边缘计算在能源互联网中的应用研究》，《现代商贸工业》2019 年第 28 期。

流、信息流和价值流的有效衔接”。①

能源互联网逐步从概念走向落地，它和区块链有较强的内在一致性，两者都建立在智能设备物联网的基础上，都强调去中心化、自治性、市场化、智能化。电能互联网和区块链主要有以下 7 个契合点。

（1）分布共享。

随着物联网发展，数以亿计的资产和数据信息需要在线记录和交易，区块链可建立一种信任机制，实现点对点能源信号通信、分布存储、信息共享。

（2）安全透明。

通过数据加密保障数据安全，可追溯历史信息、代码开源，避免客户数据被篡改或破坏，并实现用户电表数据与区块链数据保持一致。

（3）智能合约。

通过智能合约实现双方交易合规性，保证每一笔电力交易及时交付，保证买卖双方权益，自动实现价值转移。

（4）精准管理。

区块链可以实现能源的数字化精准管理，清晰记录每一度电的来源和用途，而数字世界的每一度电都有数字映射，可以重新建模电力网络，实现精确管理和结算。

（5）个人授信

目前电力消费者电表数据的所有权是电网公司的，通过区块链可以将数据所有权归还个人，人们可以将这些数据提供给银行，用于相关金融服务。

（6）交易平台。

区块链可实现电力能源的交易和结算，促进多方交易中的透明度，构建高效的电力交易系统。目前基于区块链的去中心化售电应用是区块链能源应用中的一个热点。

---

① 赖敏榕、傅建钢、赖小垚：《能源领域中区块链技术的应用场景浅析与展望》，《能源与环境》2019 年第 3 期。

（7）降本增效。

减少长距离传输线路损耗，分布式能源的就近交易，降低了输配电成本，从而降低了终端能源价格，提高了交易效率。

3. 区块链在能源电力中的主要应用

互联共识记账机制以及智能合约机制形成了区块链应用的主要内容，其中互联共识记账机制主要针对用户资产认证、登记与注册，协同购售交易、资金补贴以及相关罚款，形成服务市场的总体账本。所有参与电力辅助服务交易的实体均通过区块链授权进行统一管理，随着用电信息系统以及大数据平台建设工作逐步开展，能源交易中的信用将作为一种虚拟化资源，通过信息通信技术连接和管理。任何电力用户通过注册机制，均可以参与区块链的运算。智能合约机制在开展交易物所有权转让行为时，通过预置控制策略来完成，有效避免可能形成的相关争议，降低了管理成本。①

（1）分布式交易。

基于区块链的P2P交易利用了区块链技术去中心化和去信任的特性。智能合约允许供应商和消费者通过创建基于价格、时间、地点和允许的能源类型等参数实现销售自动化，无须第三方参加。交易平台仅起到记录交易过程的作用，并不参与到买卖双方协商的过程中。智能合约强制事前约定内容，到期自动执行，在无须双方互相信任的基础上，保障了买卖方的交易安全可靠。如果该技术能够得到广泛的运用，它会极大地改变能源系统生产和交易的模式，即交易主体可以越过现在的这种庞大的电网系统，点对点实现能源产品生产交易和基础设施共享。

（2）能源服务。

能源服务可利用区块链技术形成开放的、透明的、去中心化和广泛自愿参与的智慧能源综合管理系统，并利用这个综合管理系统获得一种新的能源

---

① 刘洋宇、李清：《区块链技术在电力辅助服务中的应用》，《计算机产品与流通》2019年第11期。

生产及利用形式。

未来分布式能源将更加广泛地开发和接入能源系统网络，节点呈数量级的增长，且交易和结算益发频繁，对能源系统规划提出了更高的要求。区块链技术的去中心化、可信任、公开透明、开放共享可以为未来能源规划提供基本理念和框架设计，以更好地适应未来能源发展形势。同时使得参与者之间的交易透明公开、参与者之间强制信任，这样有利于提升多种能源的协调性以及整个输送系统的效率。

能源供给的发展趋势为分布与集中两相结合，区块链中信息更新的实时性可以实现分布式与集中式之间信息共享的实时性，有效避免了重复建设多种能源造成的浪费。区块链采用基于协商一致的规范和协议，任何人为的干预都不起作用。在可再生能源项目评估的繁杂工作中，区块链技术将有助于检验项目来源是否符合可再生能源相关法律法规，也可以根据平均市场价格对能源进行计价。并且区块链技术的应用自动执行能源分配，使能源被广泛共享，显著提升了能源分配效率以及合理性。

（3）绿色证书的核发与追踪。

绿证交易制度通常是可再生能源配额制的配套政策，用来确保绿证能够被有可再生能源消纳指标的市场主体所购买。该制度的核心是政府或监管部门可以通过法规强制要求供电企业在某个特定时间之前所销售的电力中，有一定最低的配额或固定比例必须来自可再生能源。国家为解决分布式能源的消纳问题，实施可再生能源配额制来激励发电商生产清洁电力、用户购买绿色电力。在这一制度下，可再生能源电力就像常规电力一样以市场价格出售，因生产可再生能源电力所带来的高于传统化石能源电力的成本费用则由独立证书市场上的绿色证书销售额抵补。为满足监管部门要求，供电企业可以通过自己利用可再生能源发电并持有相关额度或证书，或通过从其他企业购买附有额度或证书的可再生能源电力，又或者购买单独出售的可再生能源额度或证书。

目前的绿色证书大多基于发电量的估值，通过发证机构向能源企业核发，实际发出的电量与绿证核算的电量不一定相等。且现有的绿证和碳证核发多数都是由权威机构来进行的，流程漫长，过程当中涉及的相关利益群体也比较多，相应的成本也高，且多数是纸质核发，不利于绿证的市场交易。

“为了解决上述问题，可以在绿色证书交易市场中结合区块链技术进行绿色证书的认证。结合区块链技术的智能电表可以记录可再生能源发电商的出力情况，区块链的不可篡改性保证了该数据的真实性，因此发放相应的证书时可以简化认证流程，进而降低绿色证书的认证成本、提高证书流动性。同时区块链的可追溯性使得每个绿色证书的历史所有权都被记录在区块链上，避免证书的重复出售，从而维护了绿色证书核发认购过程中各主体的利益。”①

（4）碳交易。

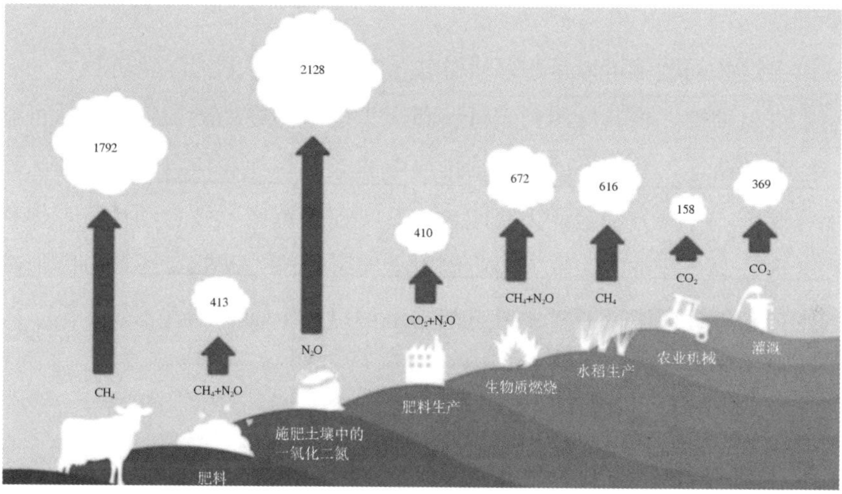

图 64　碳排放示意图

为了应对气候变化、保护环境，积极发展绿色电力、减少碳排放是一种推动可持续发展的有效方式。碳交易是为促进全球温室气体减排，减少全球二氧化碳排放所采用的市场机制。

国际规定包括二氧化碳在内的温室气体的排放行为要受到限制，协议国

① 王蓓蓓、李雅超、赵盛楠、陈浩、金逸、丁羽：《基于区块链的分布式能源交易关键技术》，《电力系统自动化》2019 年第 14 期。

家承诺在一定时期内实现一定的碳排放减排目标，会将自己的减排目标分配给国内不同的企业，由此导致碳的排放权和减排量额度开始稀缺，排放权交易市场由此而形成，出现一种有价产品，被称为碳资产。

碳排放的每项技术和政策途径都依赖于在全球市场中准确测量和记录碳含量的方法，然而，这些方法的透明度有限，标准不统一，监管制度不连贯，信任问题也很严重。中心服务器无法对数据安全做到绝对的保障，而信息的不透明也让很多机构和个人无法真正参与进来。

同时，传统的碳资产开发流程时间很长，涉及控排企业、政府监管部门、碳资产交易所、第三方核查和认证机构等，平均开发时长超过一年。而且，每个参与的节点都会有大量的文件传递，容易出现错误，影响最后结构的准确性。

以上这些问题都可以运用区块链技术来解决，考虑到区块链技术的公开透明、可追溯性，将其应用到碳排放和用于抵消污染的碳权追踪上，可以实现节能量的认证，从而有效避免碳排放中的欺诈行为和信息不对称。区块链技术将碳资产开发方法编译为智能合约，实现碳资产额度自动计算，使整个流程变得透明公开准确，这不仅可以减少碳资产开发时间，还可以降低碳资产的生产和管理成本。通过多节点的网络可以共享记录，这不仅提高了时效性，也保证了准确性。

4. 典型案例

国家电网——基于可信区块链的新能源云平台

（1）项目背景。

当前，随着新能源产业的发展，太阳能、风能等新能源已逐步成为发电的重要来源。新能源大规模快速发展对新能源管理工作提出了新的要求，新能源传统管理模式存在“横向协同不够、纵向贯通不畅、数据共享困难、对外服务不足”等问题，亟须我们攻克关键技术，采用新方法、新手段，解决新能源管理存在的问题，应对能源转型带来的一系列挑战。

在具体管理中，新能源前期规划、设计、建设、运行、并网、交易、补贴等各环节数据信息分散在各个专业部门的信息系统中，数据信息共享程度不高，管理协调效率低；目前尚未形成电网公司总部、省、市、县、新能源厂站的全链条集中管控，信息转化效率低；与政府部门、新能源厂商、发电企业、研究机构、用户沟通互动不足，服务政府、发电企业和用户的能力和水平需进一步提高。

为解决新能源发展过程中的实际问题，需通过新的技术手段，实现各环节的数据共享与互信。国网电子商务有限公司充分研究区块链去中心、可信互联、公开透明、防篡改等技术特性，紧密围绕新能源业务发展需求，打造了基于可信区块链的新能源云平台。该平台以服务新能源战略、管理、产业为宗旨，打通各专业数据壁垒，实现数据的融合共享和可信协作，提升用户服务水平；以电网为枢纽，全面实现电源端、用户端泛在连接，建立“横向协同，纵向贯通”的管理体系，进一步加速推进能源产业高质量发展，持续提升新能源在能源消费中的比重，解决可再生能源利用的机制和技术问题。

（2）方案概述。

①新能源平台概述。

平台利用区块链分布式记账、防篡改、可追溯、节点共享等技术，将政府部门、新能源厂商、发电企业、研究机构、电力用户等各主体的身份信息、关键数据上链存储，解决多主体间身份互信的问题，在横向业务与纵向业务交叉运行的能源行业，能够有效实现能源系统各环节的互联互通，实现了全生态、全场景的新能源服务体系。

平台整合了新能源全产业链资源，满足用户建站咨询、建设方案评估、设备采购、运行维护、金融服务、结算补贴和并网接电等业务需求，提供“科技＋服务＋金融”的新能源云服务。该平台可实现对内强化新能源全过程管理，规范相关标准，优化业务流程，促进“放管服”，提升管理质效；对外服务国家能源转型，辅助各级政府决策，促进新能源科学发展，营造良好营商环境，带动新能源产业发展。

②业务流程及平台功能。

业务流程

新能源云平台提供了数据存证取证、智能合约、身份认证、电子合同管理等服务，通过接口实现与新能源云平台的对接，采用基于区块链的身份认证为能源用户提供可靠的身份认证，利用智能合约技术为能源交易提供交易撮合、合同签订、自动存证的高度一体化、智能化服务，有效解决企业核心数据安全、数据共享问题，推动了能源产业高质量发展。业务逻辑框架如图65所示：

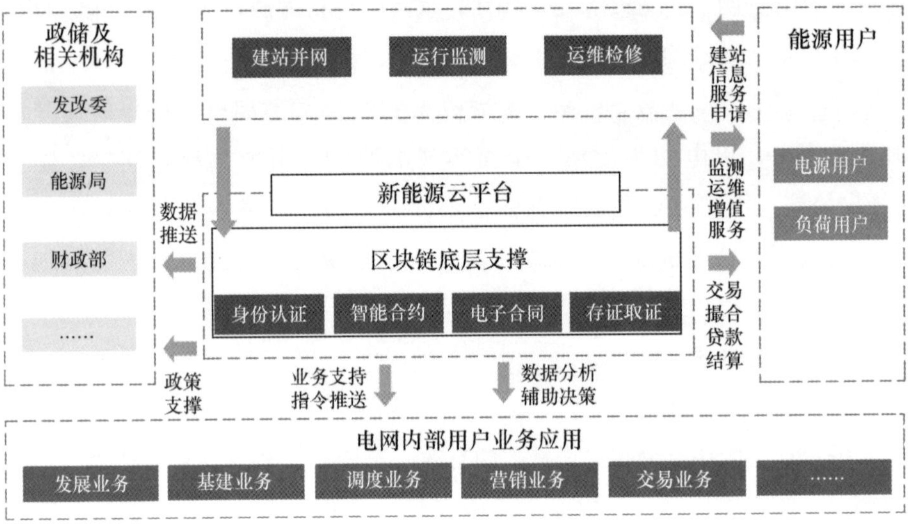

图65　业务逻辑框架图

平台功能

基于可信区块链的新能源云平台主要功能如下：

消纳能力计算：动态评估各区域新能源消纳状况，定量测算各类消纳影响因素的贡献度，滚动计算各区域新能源消纳能力。

规划计划管理：包括新能源规划支撑、新能源年度开发计划、发展成果可视化展示。

电力供需预测：对全国及各地区经济发展、能源供需、电力供需等进行分析，为新能源建设规划提供指导。

电源用户服务：面向不同规模、不同类型的电源用户，提供规划—设计—投资—建设—运营—运维—报废全生命周期的管理及辅助服务，针对电源空间分散、种类多样的特点，进行全方位集中管理。

厂商服务：服务电网企业、电源企业、系统集成商、政府、研究机构、行业协会、金融机构等用户，为新能源装备制造、零部件、设备运维等厂商提供入驻、设备生命周期管理、运行监测、智能运维、产品追溯及行业分析等服务。

辅助决策：支撑新能源发展战略、业务管理优化、国内外新能源发展成效对比等专题研究，推动新能源高质量发展。

新能源大数据服务：依托新能源云平台数据，利用云计算、人工智能、大数据分析等先进技术，挖掘新能源数据资产价值，推进管理标准化、智能化、精益化和自动化。

③光伏扶贫业务案例介绍。

作为产业精准扶贫的一项创新举措，利用区块链数据不可篡改、节点数据自动同步可信一致等特点，解决光伏扶贫工作中业务流程长、线下工作量大、用户体验差等问题。

收集贫困户信息。新能源云平台收集并整合来自扶贫办的贫困对象关键信息，以及来自数据中心的签约合同、电表表码、电量电费、发电收益等信息，将收集到的信息作为补贴发放依据存储于区块链节点服务器的数据库中。

数据上链。贫困户关键信息由数据中心发送至新能源平台，新能源云平台整合关键数据并进行结构化处理，利用区块链技术，通过哈希加密将数据上链。

补贴发放。电网公司通过新能源云平台对合约签订时的用户身份信息与签约内容进行校验，并通过链上相关补贴发放依据进行确认，将信息同步于各县级电网公司。通过银行系统将补贴款项转账到村级/联村级扶贫专户，由村级/联村级扶贫专户按照补贴信息将补贴款项发放给各贫困户。

（3）创新亮点。

项目在身份认证技术、数据可信协作机制、数据共享可溯源方面取得系

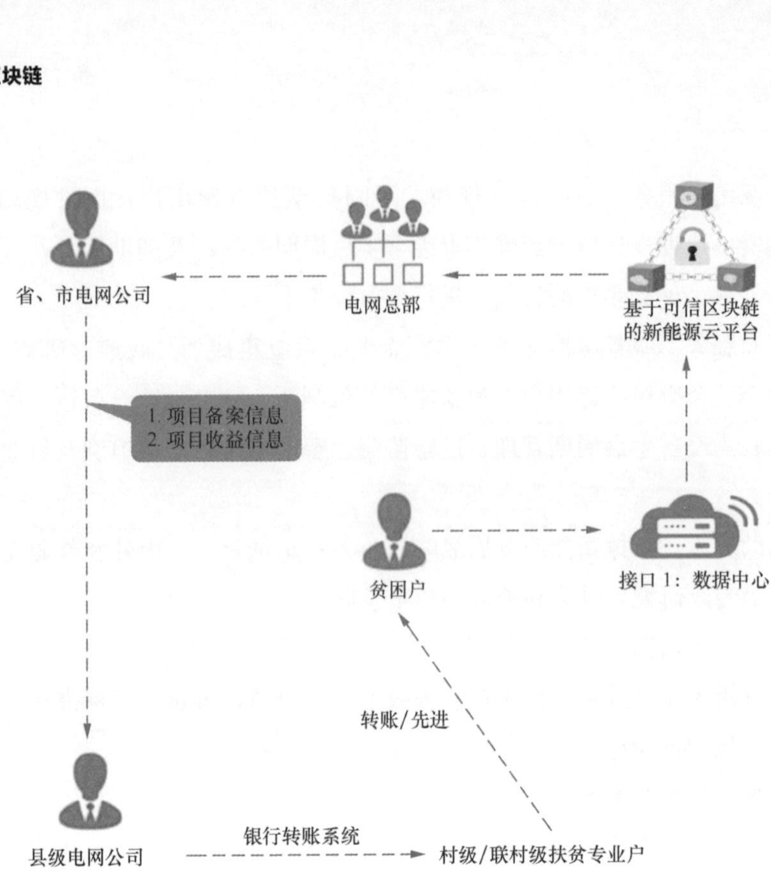

图 66　光伏扶贫业务逻辑图

列创新点。

①提出轻量级多元化身份认证技术。

传统的基于 PKI/CA 数字证书的强身份认证体系，过度集中化的管理模式导致数字证书申请、审核、发放、更新、撤销等流程复杂；专用硬件设备支持的潜在条件限制，难以适应业务的灵活扩展，尤其是分布式多方主体的身份认证。本项目提出的基于区块链技术的云端协同轻量级可靠电子签名技术方案，通过跟踪电子签名的密钥请求、签名申请、签名实施、解密验签全过程，构建全过程溯源链，使签名行为全链公开，可监督、可追溯，通过区块链技术的防篡改和防抵赖特性，实现跨政府、企业、用户等多方主体的身份统一和可信管理，解决多元化身份认证互信问题。

②构建多主体间数据可信协作机制。

基于区块链的共识机制和分布式账本技术，提供存证、取证、合约等服务接口，将各主体的关键业务数据上链存证，防止数据篡改，解决了数据保密以及互信的问题，弥补了数据安全方面的信任缺失，为数字服务构建更加值得信任的基础设施。通过为各主体间共享、复制和同步的事务记录建立数字记录，保障底层数据、合约的强一致性，从身份可信、数据可信、资产可信、合约可信等角度，建设适用于新能源业务场景的数字信用体系，打破数据与信任壁垒，构建多主体间数据可信协作机制。

③实现数据共享和全生命周期可溯源。

新能源云平台提取用户账户、表单、文件、协议等各类业务文件的哈希值并上链存证，针对不同业务场景的数据一致性问题，唯一化标记并记录每一个区块链及相关存储节点，实现能源数据产生、传输、存储、共享应用的全生命周期标记，建设数据底层强一致的区块链公共服务平台，保障数据在不同环节应用的唯一性，解决数据的互信问题，实现新能源相关主体各专业共享协同，有效整合全产业链数据，促进新能源行业数据融通、资源整合及数据的全生命周期可溯源。

（4）应用成果。

新能源云平台横向聚合政府部门、行业协会、电网公司、设备厂商、电站业主、建设单位、运维企业及金融机构等资源，纵向服务电站规划设计、政策分析、消纳计算、设备采购、电站建设、并网报装、电费结算、监测运维、发电预测、金融交易等全生命周期。

新能源云通过在宁夏、新疆、吉林、山东、江苏等地试点建设，目前已实现 20 多万座新能源光伏电站的并网签约、交易结算等信息的上链存证，数据达百万余条；实现并网业务办理时限平均缩短 16 天，电费结算周期平均缩短 4 天，发票确认时间 10 秒完成，数据核对、业务合规等检查即时完成。

未来，国家电网将根据试点单位的反馈意见继续优化维护平台并向全国推广；不断总结实践经验，将区块链技术应用到电力交易、供应链金融等领域。

5. 更多案例

华润燃气区块链燃气监控综合平台+

由润智科技、中国联通、共链科技共同打造的基于云+区块链+5G 的区块链燃气监控综合平台，把液化石油天然气 LNG 存储、运输、现场运行设备的监控数据、设备巡检数据、故障发现信息、故障处理结果以及各类报警信息等通过物联网和 5G 技术上传至云端平台，通过区块链技术进行存证和验证，以确保信息的可信度。

该平台利用区块链的公开透明性，让各天然气相关参与机构和天然气产业链上各服务成员单位各自接入区块链节点，用于共享数据，通过预先制定的数据规则及权限来查看彼此工作情况，起到相互促进、相互监督的作用。借助于区块链的不可篡改性，能够验证业务数据的真实可靠性。通过利用区块链和物联网技术追踪记录无形数据和有形物资的流转链条，把设备的质量信息、物流信息、质检信息等关于设备特征的数据，不可篡改的登记在区块链上；利用区块链上数据信息的可追溯性能够查看业务数据的完整、可靠的修改记录，可用于工作质量监督、事故原因分析、事故定责、设备质量分析等。

5G 技术让天然气企业摆脱传统有线和 WiFi 的束缚，从整体上节省了布网成本，同时为生产线调整和生产设备控制提供了可靠和稳定的网络覆盖，满足对生产设备 24 小时的监控与远程控制。

该平台还利用 5G 和 MEC 边缘计算的超带宽（本地服务，不受核心网带宽限制）、低时延（本地处理，适合工业自动化等重要通信应用）、大连接（本地计算，内容汇整增强，减少传输负荷）、高可靠性（企业业务在本地处理，具有更高的安全性）的特点，解决传统无线通信网络干扰大、安全性低、容量低以及以太网移动性差的难题，也解决了敏感业务数据的本地存储及高效实用问题。

（二）城市间信息互联互通

1. 城市间信息互联互通中的痛点

图 67　区块链促进城市间互联互通

传统智慧城市建设只关注城市自身内在系统发展，城市间互动较少，导致跨城市、跨区域的联动协作难度较大、效率不高。新型智慧城市建设，不仅要求城市内部系统的数据资源实现整合，也需要实现与国家、省、市管理部门协同配合，在城市层面实现跨城市、跨区域的信息互联互通，聚焦信息基础设施互联、系统互通、资源共享，实现垂直型“条”与水平型“块”互融互通、协同运作，共同推进城市层面智慧化建设。

（1）城市信息基础设施急需实现协同共用。

随着我国城镇化的快速发展，城市人口和产业承载能力不断提升，城市信息基础设施将拥有超过百亿级的传感终端。当前不同厂商的传感器存在互不兼容的情况，导致不同终端采集的数据不能有效整合、利用。此外，城市信息数据涉及隐私问题，信息在使用、共享过程中，存在隐私泄露的隐患。隐私问题加剧了信息共享的难度，降低了数据所有方共享数据的意愿，阻碍了城市间的信息共享。归根结底，还是缺乏可信、安全的信息共享手段，无法在信息充分共享的同时，又能兼顾到信息安全、隐私安全。

（2）城市数据治理亟待攻坚克难。

①城市数据流通共享难。

随着电子政务应用不断发展深化，大量的政务数据产生，而数据资源如何有效共享成为提升城市治理能力的关键，但目前政务数据面临着“纵强横弱”的局面。

一方面，行政区隔离形成天然屏障。政府部门存储着个人、组织及活动等大量数据，这些数据分散保存在不同部门的不同系统，条块打通困难。此外，由于政务系统重复性建设，缺乏标准统一的数据结构与访问接口，部门间系统兼容性差，业务数据难以实现跨部门流通共享。

另一方面，政务协同共享缺乏互信。在“谁主管、谁提供、谁负责”和“谁经手、谁使用、谁管理、谁负责”的政务信息共享原则下，当前技术手段难以清晰界定数据流通过程中的归属权、使用权和管理权，政府部门之间缺乏有效的互信共享机制。

②城市数据监督管控难。

在城市治理中，对于政府重大投资项目、重点工程与社会公益服务等敏感事项，政府监管有时会出现纰漏或政策约束力不足，容易造成社会不良影响。

一方面，伪造篡改导致监管乏力。如在政府投资重大项目建设过程中，建设主体出现违法违规操作，谎报或瞒报关键活动信息，如挪用资金、事后篡改文件或伪造证据等，这些漏洞如不能及时发现，就容易导致监管缺位。

另一方面，存证不足造成追责困难。在现有政府信息资源管理框架下，业务监管的数据采集、校核、加工、存储及使用的全过程管理体制仍不完善，缺少基于数据信息的全流程可追溯手段，一旦发生违法违规事件，证据缺失将给调查取证带来困难。

③数据安全有效保障难。

在智慧城市建设与发展进程中，人与人、物与物、人与物将加速联结，智能化产品和服务将不断涌进城市管理活动和人民日常生活，产生大量的公共数据和个人数据。城市数字化发展形势下的隐私保护，成为城市数据治理不可规避的重要问题。

当前，隐私数据泄露事件频发。用户作为数据的生产者，在本质上缺少数据所有权和掌控权，数据往往未经同意就被第三方平台采集和出售，导致用户隐私数据大规模泄露事件频频发生。

此外，数据授权使用尚无明确规范，数据安全使用缺乏保障措施，潜在风险难以评估，我国在推进政务数据授权使用方面进展缓慢。

城市智能应用亟须创新突破。一是多主体参与信用体系建设成本高。新型智慧城市是城市发展的高级阶段，城市智能应用要为不同主体提供跨层级、跨地域、跨系统、跨部门、跨业务的一体化协同服务。城市智能应用涉及政府、企业、市民等多个参与主体，各参与主体间相互协作建成信用体系成本高，创新智慧城市应用亟须建立良好的社会信用体系，解决多主体之间的信任问题。二是事故发生问责难。城市正常运行涉及方方面面，大量日常事件与突发应急事件持续发生，相关事件具有所属类型多、来源渠道多、涉及部门多、处理流程长等特点，一旦发生事故，涉事方各执其词，原因追溯与追责通常比较困难。因此，在智慧城市建设过程中，要实现从城市规划、建设到管理的全生命周期、全过程、全要素、全方位的数字化、在线化和智能化，做到事故原因可溯、责任可追。

2. 区块链针对城市间信息互联互通中的痛点的解决方案

针对城市数据共享难、监管难、安全性不足的问题，区块链去中心化、分布式共识、数据不可篡改、数据流转过程中的全程留痕等特性可较好地解决以上问题。

（1）共识机制、隐私保护解决城市间数据共享难问题。

城市间数据为什么共享难？首先，在技术层面上，不同城市的信息化系统可能是不同厂商搭建的，不同厂商搭建的系统在数据结构、存储方式、通信协议等方面可能存在差异，因此在兼容互通方面可能存在一些障碍。而区块链严格定义了数据结构、通信方式等，数据在上链之前就会进行合法性校验，只有合法的数据才允许上链，因此，上链的数据就都是规范的，数据合并、共享不存在数据摩擦的问题。此外，区块链去中心化和多方共识的特性，方便数据的全账本共享，假如 A 城市需要用 B 城市的数据，A 城市只需要设立一个 B 城市的全节点即可，区块链的共识机制可以从技术上保证 A 城市新设立的节点能将 B 城市的数据完整、正确地复制一份。其次，城市数据往往关系市民的隐私安全，数据共享、信息流转过程中存在隐私泄露风险，因此，数据所有方出于自身安全考虑，不愿共享。区块链结合隐私保护等技术，可以实现数据的“可用而不可见”。

（2）数据留痕、不可篡改解决信息流通过程中监管难问题。

传统的中心化服务，核心数据存在被恶意篡改的风险，如高考成绩被篡改、志愿被二次篡改、交通部门消分等。而区块链的哈希函数、非对称加密算法、链式结构等技术保证了数据的不可篡改。区块链的时间戳特性，可以准确记录数据的每一次访问、追加记录。区块链可以从技术上保证数据在使用和流转过程中的全程留痕、不可篡改。

3. 区块链在城市间信息互联互通中的主要应用

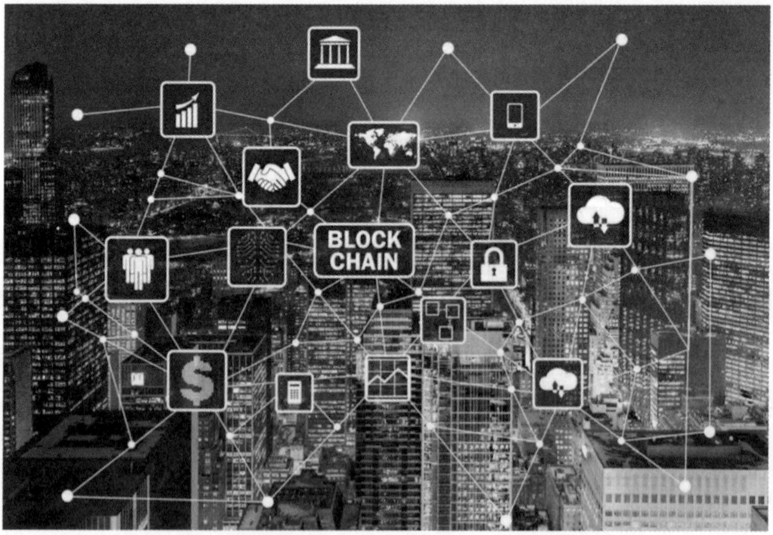

图 68　区块链促进不同行业间数据的互联互通

（1）数据可信共享助力政务公开、产权登记、协同办公。

大数据时代，传统城市管理方式正向基于数据流通共享的数据治理与服务创新转变。运用区块链有助于促进多方政府部门达成共识，形成高效协作，优化城市治理。一是构建共享数据基础。运用区块链技术形成智能合约，按照预先约定的规则同步数据，打破了传统数据协议，建立了新的统一的数据标准，构建了流通共享的数据基础。二是建立协同互信机制。政府各部门通过本地部署区块链节点，实现共享数据的本地化验证，对数据来源和真实性进行确定，上链信息并不涉及原始的完整数据，从技术角度实现不依赖第三方的数据共享互信。基于区块链数据共享机制，可在金融创新、政务公开、产权登记、协同治理等领域开展应用。如为新生儿办理出生证，传统做法需要到医院、当地派出所、社保局多次进行柜台办理，不仅流程烦琐，而且效率低下，通过引入区块链技术，所有电子化办理流程可记录追溯，办理结果可通过 EMS 直接邮寄到家。

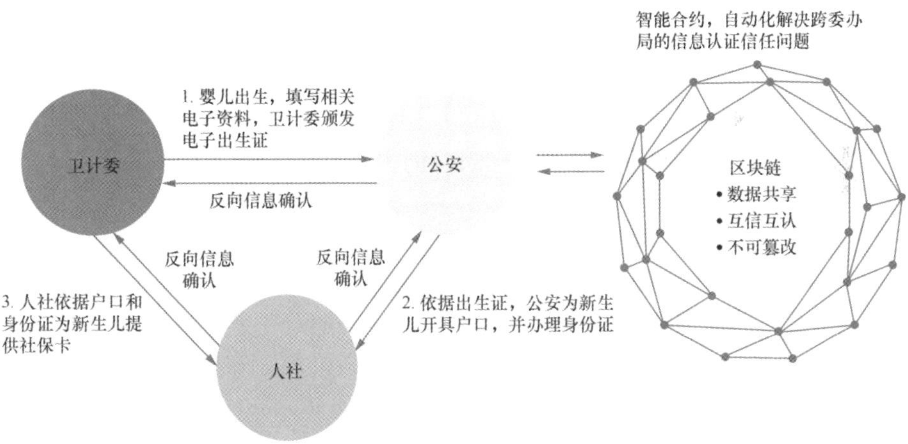

图 69　基于区块链的出生证明办理流程示意图

（2）可信可溯助力食品药品防伪追溯、工程和票据的监管审计。

在城市治理中运用区块链独特的共识机制和数据结构，有助于确保数据质量，提升政府治理能力。共识机制确保数据更加可信。在数据治理过程中，任何有关治理活动的信息更新只有经区块链的多数或全部节点校核认可后，才能完整地写入区块链。任何节点试图单方篡改或伪造数据，系统都将自动拒绝写入，从而保证数据的完整性和稳定性。时序区块结构保证数据全程可溯。按照哈希算法原理，上链数据的区块都带有时间戳，用于标记区块生成时间和区块连接顺序，这些数据和时间戳将被永久保存且不可篡改。当任意节点发现链上有不合理问题时，都可随时随地通过区块数据和时间逐一查证，实现事件的可追溯。区块链的数据治理可广泛应用于政府重大工程监管、食品药品防伪溯源、电子票据、审计、公益服务事业等领域。

（3）智能合约助力精准扶贫。

新型智慧城市建设更加注重以人为本，区块链技术为提高惠民服务的便捷性提供了新手段与解决方案。在区块链＋智慧扶贫方面，在现有大数据帮扶平台基础上引入区块链技术，确认帮扶双方并记录，利用智能合约匹配帮扶项目与资金，通过共识机制保证对社会扶贫资金募集、申请、使用、效果评估等进行管理，实现扶贫对象精准识别、扶贫资金精准管理、扶贫对象精准退出、社会扶贫资金全流程管理。从上而下贯彻扶贫政策，建立诚信扶贫系统，形成有效工作网、监管网，防止弄虚作假、徇私舞弊，激励社会各方积极参与扶贫行动，助力搭建高效、透明、公正的精准扶贫平台。

（4）隐私保护助力智慧医疗。

在区块链＋智慧医疗方面，将医疗物联网设备数据、患者电子病历等信息记录在区块链上，从而解决个人对自身医疗数据缺乏知情权及访问控制权的痛点，同时大大减少二次医疗过程中患者在疾病史检查方面的医疗成本，在医疗事故的追责过程中也为确定责任主体提供相关证据。针对医疗领域存在的数据孤岛难题，授权公共医疗机构或者医疗研发机构提取所有节点上的非身份信息，既能够解决医疗领域数据孤岛难题，同时也保护了个人的隐私。

4. 典型案例

徐州——淮海经济区警务区块链共享协作平台

（1）项目背景。

有“五省通衢”之称的徐州市，受特殊地理位置影响，流窜案件频发，如何有效打击流窜犯罪成为徐州市公安局探索的重点。近年来，大数据技术的兴起为流窜案件的治理提供了解决之道。然而，目前淮海经济区各城市在数据安全、警务协作责任主体等问题上依然存在顾虑，导致该情况存在的根本原因在于各地市、部门间缺乏可信、实时的数据共享手段。

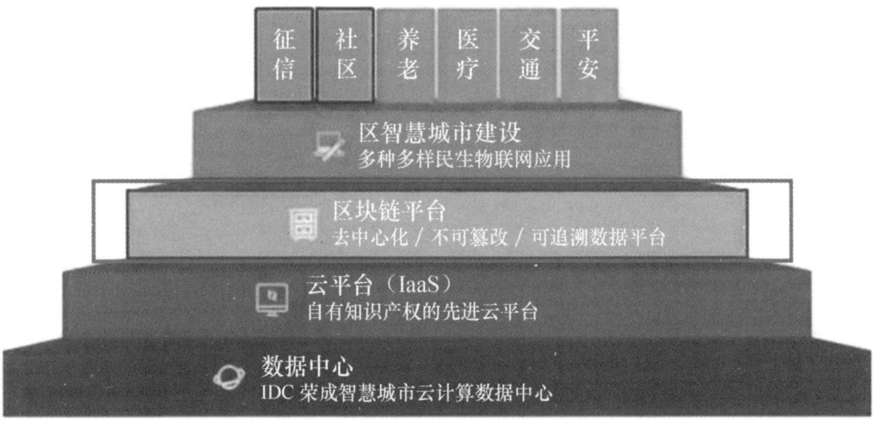

图 70 区块链在城市数据共享中所处的位置

区块链的分布式、全程留痕、数据不可篡改等特性，在数据可信、实时共享方面具有天然优势，可较好地解决数据实时共享、可信共享，解决数据使用过程中的全程留痕、可审计、可追溯等问题。因此，徐州市公安局联合中兴通讯股份有限公司开展基于区块链的警务数据共享关键技术研究，共同研发了“淮海经济区警务区块链共享协作平台”（以下简称“共享协作平台”），用以解决跨区域数据共享和警务协作过程中的痛点问题。2018 年 12 月，徐州市公安局联合江苏、安徽、山东、河南 4 省 10 个地市联合发布签约，确定以区块链技术打通各地市公安局的警务数据和业务协作。

（2）方案概述。

共享协作平台以超级账本（Hyperledger Fabric）为底层技术基础，结合跨省市公安行业警务数据共享的应用场景，进行定制化增强并搭建上层业务系统。它主要包括区块链应用平台、底层区块链节点服务器、对接外部系统三个业务模块。

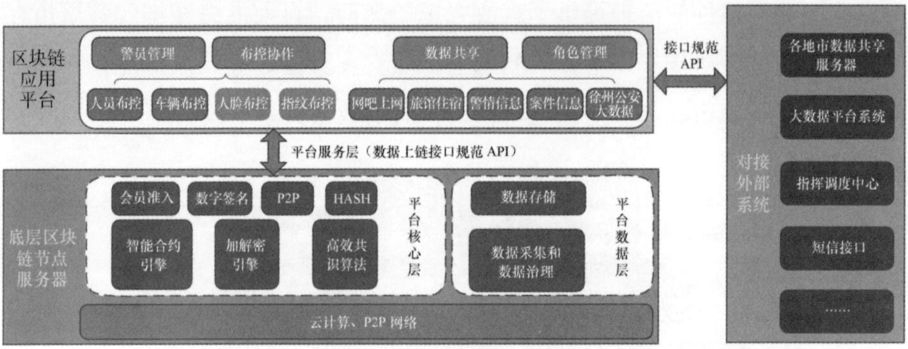

图71　共享协作平台业务模块组成图

前台新闻门户、区块链管理后台被统称为区块链应用平台，主要包括数据共享、布控协作两大类型的警务业务。数据共享主要用于收集、存储、共享警务数据，包括对网吧上网、旅馆住宿、警情信息、案件信息等基本警务数据的收集，以及跨省市警务大数据的共享。布控协作是利用数据共享模块获取基本警务数据，结合人脸识别、指纹识别等技术，实现跨区域、跨省市的警务协同工作，包括人员布控、车辆布控等。

底层区块链节点服务器模块是区块链技术的承载模块，包括智能合约、密码算法、共识算法、数据采集存储等。该模块利用区块链技术保证了上层警务数据的可信共享以及数据流转过程中的全程留痕、可追溯、可审计特性。

对接外部系统提供了一系列的配置接口，以供自由、灵活、便捷的适配外部系统，如对接其他省、市、区的警务系统，实现与外部系统的互联互通，主要包括各地市数据共享服务器、各地市大数据平台系统、各地市指挥调度中心、统一短信接口等。

①业务流程。

共享协作平台的新建节点包含区块链节点和前置业务系统，通过前置业务系统与现网的公安业务系统对接并支撑异构数据源处理，业务数据和过程数据通过共享账本保存，实现防篡改功能。数据的共享和权限控制通过智能合约来实现，保障数据流通过程中的隐私性、安全性。

针对跨省市的警务共享和布控等警务协作数据，共享协作平台的总体业务流程设计如下图所示。

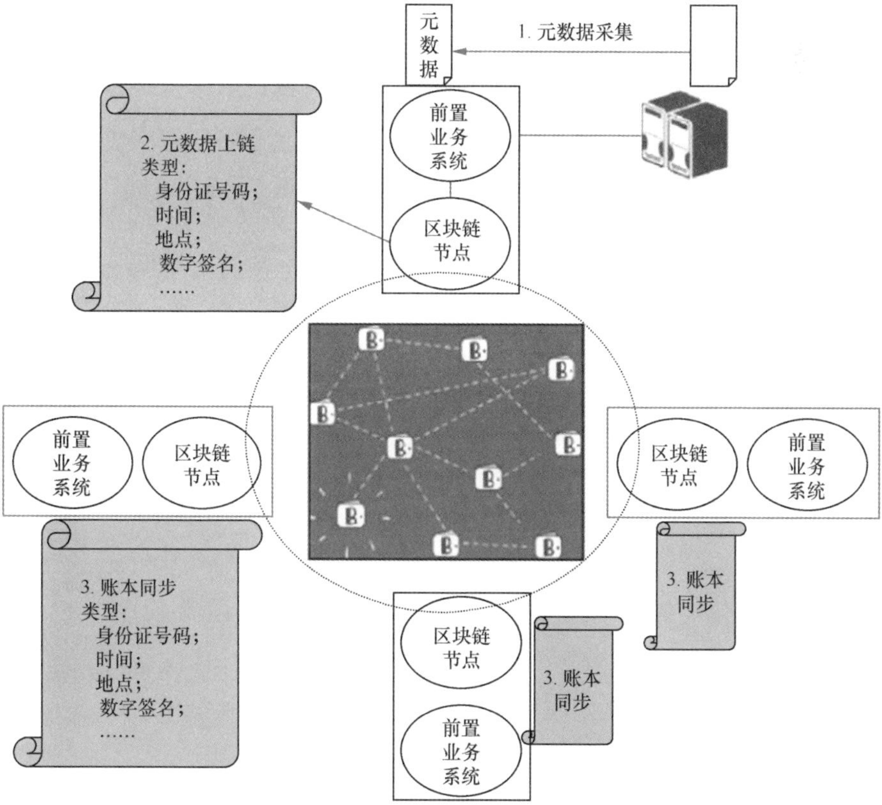

图 72　共享区块链协作平台业务流程图

公安警务数据共享协作业务流程分为以下三个步骤。

步骤 1：元数据采集。将业务系统中的原始数据采集到区块链系统的前置业务系统中，并进行必要的治理，形成上链元数据。

步骤 2：元数据上链。治理后的元数据由前置业务系统上链，上链过程需要对应公安机关的私钥进行签名。

步骤 3：账本同步。区块链的对等式网络以及背书一致性共识算法，可保障上链的元数据在联盟链的所有节点进行广播和验证，并最终在所有节点的账本中保存数据。数据使用方在自己的区块链节点，可以根据权限规则使用权限内的数据，该数据可以是本公安机关的数据，也可以是其他公安机关共享的数据。

跨省市警务数据共享平台界面化操作，灵活配置数据共享策略，实现了对数据的“按需共享”，即需要共享的数据可以共享，不能共享的敏感数据禁止共享。该方式既满足了数据共享需求，又较好地保护了敏感数据的隐私性，避免了数据的过度扩散。

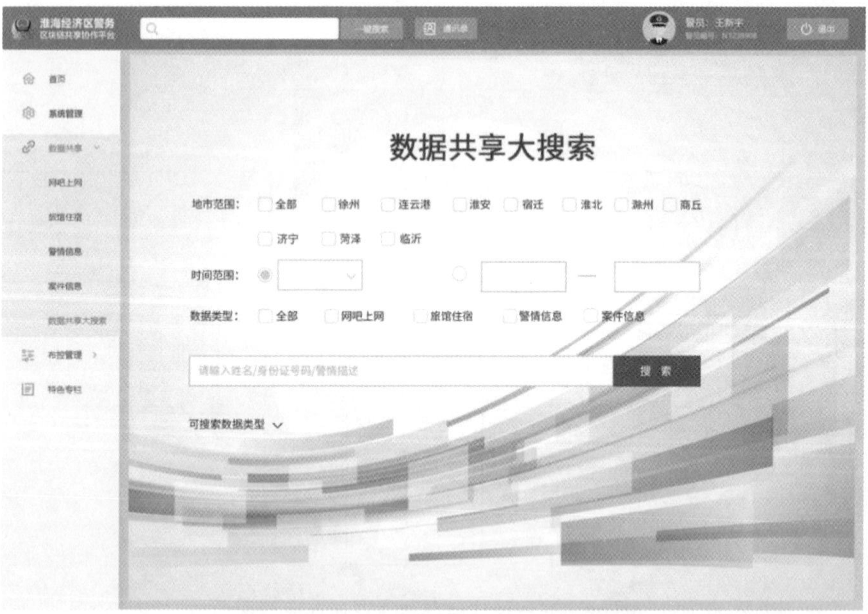

图 73　跨地市警务数据共享策略配置界面

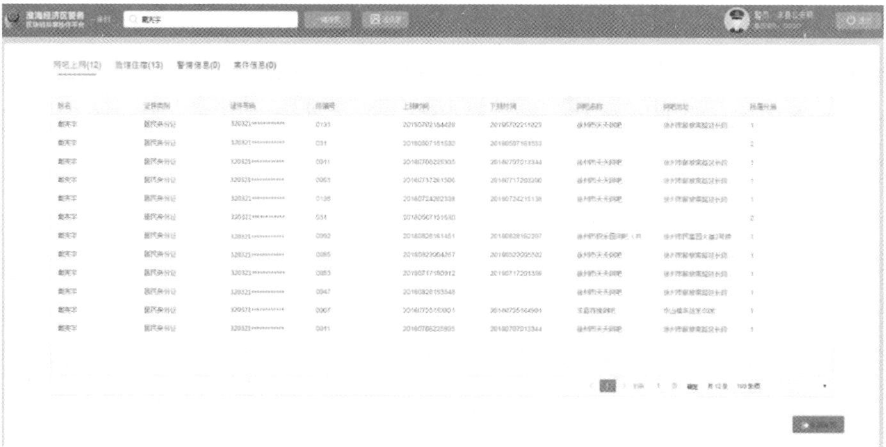

图 74 跨地市警务数据共享结果页面展示

以警务车辆布控为例，引入区块链技术后，行车司机发现肇事逃逸事件，可立即进入报警系统报告情况，警情经 P2P 网络到达指定警局，辖区民警接到警情，紧急启动布控流程，相关单位配合执行布控命令，实施抓捕。整个过程协作紧密，区块链技术保证了警情、布控等信息的真实性，各部门间无须再次确认消息准确性等，降低了沟通成本，提高了协作效率。

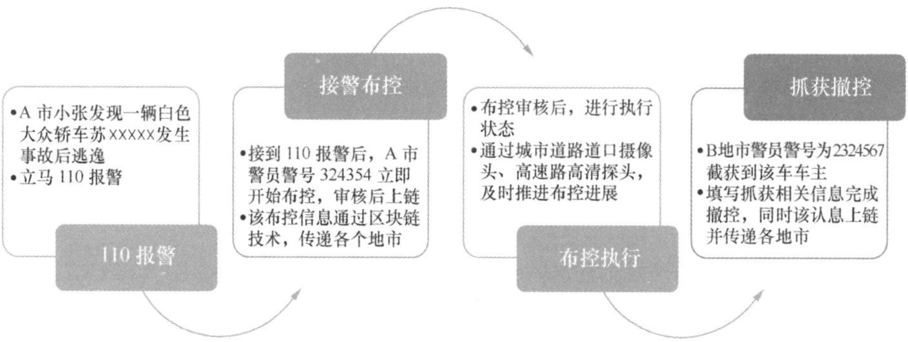

图 75 警务车辆布控流程范例

②创新亮点。

共享协作平台在技术上和业务模式上进行了创新。

技术创新实现安全稳定的警务数据共享。由于淮海经济区各地市间没有直接的行政管辖，因此利用传统数据库技术实现数据共享存在一定的障碍。出于对数据私有性和安全性的考虑，长期以来，各地在相关部委和省政府的推动下实现了各自行政区域内的部分数据共享，但实际工作中需要的大量数据还未实现共享。共享协作平台以区块链技术“去中心化”的解决方案，“错位”省级和部级应用，对不同地市的各类数据资源进行分布式管理，形成一个分布式的、同权的综合性“去中心化”共享网络。各个地市节点均保存一份完整加密的数据副本，便于在本地实现搜索、查询等服务，即使某个节点掉线或某个节点的部分数据丢失，也不会对整个区块链网络的数据安全和正常运行造成较大的影响，从而提高了系统的稳定性、可用性。

开创性解决公安协作信任风险问题。共享协作平台充分发挥了区块链分布式记账的优势，提高了对人员、车辆跨区域协查布控的时效性，明确了协作的法律责任主体。在传统模式下，常规跨省布控流程需要案发地开具立案决定书、拘留证以及审批文书，然后再层层上报到省厅，由省厅间协作后将布控信息下发到具体的协作单位。淮海经济区各地市间的距离很短，但即使在交通、物流高度发达的社会背景下，常规布控流程的时效性仍难以满足工作需要。

由于区块链的各个数据块经过签名私钥加密验证且区块之间前后相连形成的链式结构，从技术上保证了原始信息的准确性，记录了信息修改的全部过程，防止数据被人为恶意篡改，有效记录了布控协查的发布主体，这也意味着系统的参与者能够知晓系统的运行规则，每个数据节点都可以验证信息的真实性和完整性，确保了数据的可靠性和不可篡改性，提高了各项业务的可追溯性。同时，以“数字证书＋人脸识别”的方式认证协查布控的发布主体，可有效防止“抵赖”行为。此外，通过签署多方合作协议，还能够实现协作流程的共识，简化一系列的证明和手续，提高跨区域协作的时效性。

区块链技术虽然具有很多优点，但也存在很多先天不足，单纯依靠区块链技术很难满足各类警务应用。区块链对各个数据区块加密保存，保证了数据的安全可靠，但同时也使其无法进行大数据统计与分析。在该项技术研究和平台研发过程中，工作人员经过反复实验，最终确定将共享协作平台与传统数据库相结合，以区块链技术进行权限划分和日志记录，以传统数据库实现大数据应用的方式，实现平台的高级查询、报表统计、权限划分等功能。

值得一提的是，共享协作平台以业务对接为主线，规避了区块链处理“大体积”、效率低的缺点。区块链各个区块的数据存储能力较弱，对于大量单体占用存储空间较大的数据（如图片、视频等）的文件处理能力较弱，因此，共享协作平台通过对各地市的数据进行脱敏脱密处理后，利用传统数据库满足各类平台对数据的应用需求。共享协作平台只对每个节点数据的使用情况记录上链，利用平台调取被比较数据的具体案件数据进行结果认定，从而实现各类系统的业务对接。

③应用成果。

目前，淮海经济区警务区块链共享协作平台已在以徐州为中心的淮海经济区 4 省 11 个地市公安局部署应用，已共享旅馆住宿、网吧上网、警情信息、案件信息、布控协查等数据 1.5 亿余条，有力地提升了警务信息共享协作实战效能。其中，布控协查业务在应用区块链技术前需要 7—14 天，应用后缩短到 24 小时以内，效率提升 10 倍以上。

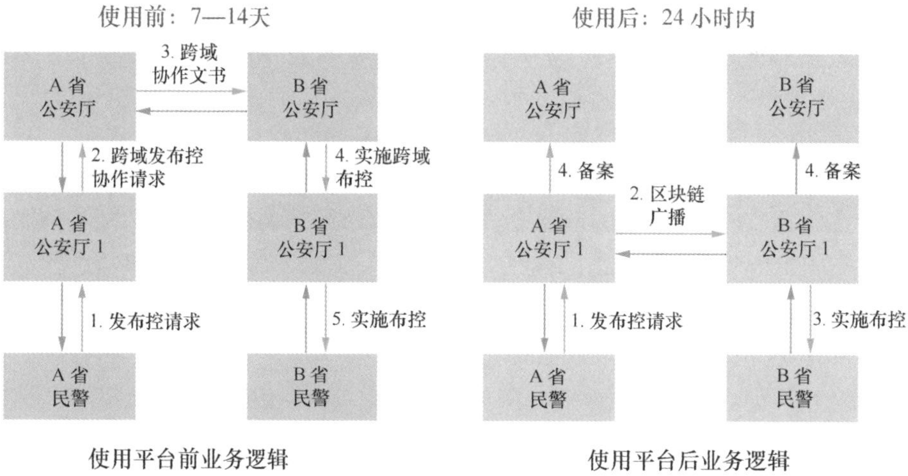

图 76　共享协作平台提升布控效率

四、政务数据共享

图 77　区块链促进政务数据互联互通

要探索利用区块链数据共享模式，实现政务数据跨部门、跨区域共同维护和利用，促进业务协同办理，深化“最多跑一次”改革，为人民群众带来更好的政务服务体验。

数据是一种国家基础性战略资源，数据正日益对全球生产、流通、分配、消费活动以及经济运行机制、社会生活方式和国家治理能力产生重要影响。政务信息资源作为一种涉及国计民生的重要数据，它的共享开放可以促进数据资源流通，破除数据孤岛，有效支撑数据应用的快速发展，发挥数据资源的经济价值，提高政务机关的办公效率，大大方便老百姓的日常生活。政务信息资源共享是政府信息化建设的重要内容，是提高政府工作效率和服务水平的重要支撑。

（一）政务数据共享中的痛点

近年来，我国电子政务建设发展迅猛，已经从部门单项业务系统建设进入信息资源共享和业务协同建设的新时代。但各级政府在搭建数据共享交换平台、实现政府数据共享开放的解决方案中，仍然存在着政府及公众对政务信息资源共享的需求与共享的不充分、不平衡之间的矛盾。如何有效地管理政务信息资源，发挥出政务信息的最大价值，是政府改革和自我发展的需要，是推动政府服务创新的前提和基础，是建设智慧型、服务型政府的关键。①

1. 信息难以整合

政务信息资源，是指政务部门在履行职责过程中制作或获取的，以一定形式记录、保存的文件、资料、图表和数据等各类信息资源，包括政务部门直接或通过第三方依法采集的、依法授权管理的和因履行职责需要依托政务信息系统形成的信息资源等。政府部门已经成为最大的信息数据生产、收集、使用和发布单位，但信息数据过于庞杂，也会给政务信息共享带来障碍。电子文件与档案文书的电子化服务与保存问题给数据利用带来了挑战，数据源的多样性与数据结构的复杂性导致政府在获取高质量的数据时，对数据进行有效整合、传输和应用上面临巨大挑战，数据之间存在着冲突、不一致或者相互矛盾的问题。

① 余益民、陈韬伟、段正泰、赵昆：《基于区块链的政务信息资源共享模型研究》，《电子政务》2019 年第 4 期。

2. 数据安全风险大

政府数据安全是国家安全的组成部分，它是指政府数据系统不受偶发的或恶意的破坏、更改、泄露，涉及国家安全、社会稳定、个人隐私、商业利益等方面。因此，如何在大数据共享时保证政府数据的安全性是值得关注的重点问题。

目前的数据共享方案存在较多问题，比如有些部门的敏感数据在共享时可能会存在泄露，各部门、各级别数据在共享时无法清楚地显示数据的来源，政府现存的中心化的存储数据也可能会导致数据在共享过程中出现不可避免的安全问题等。

一方面，要实现政务信息共享，就必须建设网络复杂、系统庞大、类型多样、容量巨大的兼具统一协调、分级管理的集成数据库群，并构建无缝对接、功能强大的政务数据共享平台。共享平台一旦受到恶意攻击，或将造成政务信息丢失、外泄、被篡改等。另一方面，敏感数据和个人隐私随着数据挖掘、聚合与开放增加了泄露风险。政府数据与不同数据源结合，可能导致隐私数据由于独特的组合识别性而被挖掘出来，使得敏感数据存在被泄露的风险，这使得公众面临着个人隐私泄露的风险，从而加剧公众的不安全感和不信任度。

因此，需要重点解决数据的留存和流转安全问题，保障共享数据在各级共享平台的汇集、交换以及共享使用全过程的安全可控。

3. 数据共享推进难

在推进政务数据共享的过程中，既有部分部门从自身利益出发“不愿共享”，也有客观上因制度缺位等导致的“不能共享”。

对于部门信息资源的所有权、管理权和使用权以及信息共享的责任主体等，相关部门一直没有从制度层面予以明确。推进信息共享只能从工作层面协商解决，一个项目的共享协议往往需要几个部门协商很长时间，共享的数据质量、时效性等均难以保障，大大影响项目建设进度和政务效能。政务数据采集、汇聚、共享和开放等各环节所涉及的安全主体责任不清晰，导致出现问题互相推诿、信息共享内容不对称、系统无缝衔接“断层”等责任意识淡薄的不良倾向，与“谁经手、谁使用、谁管理、谁负责”的原则相去甚远。

信息资源独有专享的权属观念在各个部门普遍存在，信息共享缺乏内在动力和外部约束机制，造成政府信息资源部门化、部门信息资源利益化，各部门在信息共享中想得到却不愿付出，严重影响了政府信息资源的潜在效益。部分政府工作人员对政府信息共享的认识模糊，不清楚政府信息共享的意义和价值，往往处于“自上而下”被动接受的状态。忽视“谁主管、谁提供、谁负责”的原则，不能及时维护和更新信息，从而不能保障所提供的共享数据的完整性、准确性、时效性和可用性。

（二）区块链针对政务数据共享中的痛点的解决方案

“政务数据共享在打破条块分割，实现条块数据在条块部门之间的有效协作共享的同时，还需要实现不同利益相关者的对等管理，促进政府部门组织结构的扁平化，政府治理及公共服务的透明化、高效化和智能化，同时保证政府数据的安全性，从而塑造全新的社会信用体系。

为此，探索基于区块链的政务信息资源共享理论与研究思路，突破了当前政务信息资源共享研究的认识框架，给出认识和理解去中心化政务信息资源共享模式的一个新视角，为构建安全性高、可信任、实时交换、数据一致、可溯源及共享范围广的政务信息资源共享平台提供了新的解决路径。”①

区块链技术改变了以往政务信息的存储方式，将集中式存储变为分散式存储，不同层级、不同部属、不同区域的政府部门与需要到政府部门办理事

① 余益民、陈韬伟、段正泰、赵昆：《基于区块链的政务信息资源共享模型研究》，《电子政务》2019 年第 4 期。

务的企业、民众都可以看作是区块链分布式记账中的一个信息节点。采用P2P网络，将集中式服务离散分布到各个用户节点，既大幅降低了统一数据平台技术研发的难度，又降低了系统的部署成本以及后续的运维成本，还可提高专用数据的处理能力。对等节点中，每个节点都享有同样的存储信息，进行独立作业，节点间互相监督，当一个信息节点的数据产生变化时，其变化流程会被记录并被复制到政务共享平台的每个信息节点中，从而实现全系统的实时信息共享。

运用区块链技术，发挥共识机制和智能合约积极引导信息提供者行为的重要作用，能够实现政务信息资源共享的标准化、实时化和智能化。在面对新的业务模型、数据模型时，仅需通过软件部署共识协议即可实现，无须再次构建现有的数据存储结构及接口数据结构来提高系统的可扩展性。在政务部门参与信息资源共享与交换的过程中，区块链的智能合约引导政务信息资源的交换方式由非实时、静态交换转向实时、动态可控的智能交换。

（三）区块链在政务数据共享中的主要应用

政务数据共享平台是以区块链技术平台为支撑，打通各相关部门之间信息壁垒，建立横向联动的工作机制，通过政务、便民、公共服务、养老助残、医疗、人社、教育、民政、住建等工作信息联动以及共享数据接口，建立信用模型，为每个市民建立信用档案，约束其社会行为规范，实现一个高效协作的政务联动管理系统，建立各个政务部门的工作衔接机制。平台实现互联互通，办公数据化，监管全覆盖，真实数据不可篡改，促进政务数据工作公开、透明、规范运行，并以高效协作的方式推进各部门政务服务迈上一个新的台阶。[①]

---

① 肖炯恩、吴应良：《基于区块链的政务系统协同创新应用研究》，《管理现代化》2018年第5期。

1. 助力数据管理

在大数据和电子政务环境下，政务数据面临着数据量大、信息利用过程中元数据难以管理的挑战。运用区块链技术可以对海量信息进行科学管理和有效利用。

区块链在不同主体间构建一个点对点的分布式的数据系统，各主体通过访问数据系统，将各项社会活动录入区块链，使得有关社会事务的事件、信息能在大范围、短时间内实现快速的全网广播、匹配、核查和认定。区块链上的数据由所有政务节点共同维护，所有的节点都参与数据记录和验证。在区块链存储平台中，相关信息和记录都以区块链式数据结构持久化存储到数据库中；并且较大的文件也可存储在链外的文件系统里，同时将摘要保存到链上用以自证。

由于区块链技术是将数据以块状的形式相连，每个区块中区块头和区块体的信息十分明确，可以有效地帮助数据拥有者更好地进行数据的分类分级。堆积的数据利用区块链技术进行分类分级的存储，规避了以往的数据量大、中心化的存储共享可能会导致数据储存不安全的现象，各部门节点都拥有最新的完整政务数据拷贝，并根据信息资源的种类和各部门共享的需求，确定信息共享的方式，实现了各政府部门间的信息资源共享。

2. 保障数据安全

数据的私密性与数据的完整性是数据安全的重要内容。区块链运用非对称加密技术、哈希算法以及零知识证明算法等技术可以实现数据安全和隐私保护。

过于集中、敏感的政务信息容易成为攻击的目标，使数据存在失真或泄露的风险。区块链技术利用其分布式存储和共识机制，保证了不会因为单个节点影响系统的功能和安全，并确保数据交换的真实性和可验证性，并且去中心化、可共享的分布式交易记录系统，可不依赖额外的第三方管理机构对数据进行管理，降低了数据被破坏的风险以及易被漏洞攻击的危险。区块链采用密码学工具，确保各主体身份和共有信息的安全与对交易数据进行加密，使用户的身份或其他隐私信息可以得到较好的保护，从而使得数据更具可靠性。整个区块链能够在保证不可篡改的同时保证数据交换过程、交换记录在一定程度上公开透明。数据交换过程中的每个参与者都可以参加内部数据库的记录过程，保证整个过程公平、公开、公正，这有利于政府部门的监管，有助于解决信息不对称问题，降低数据在共享时容易出现的风险。

3. 加强数据共享

基于区块链的政务数据模式中兼顾了传统的点对点数据资源共享和信息资源管理中心两种模式的优点，既可以在多部门多级别之间实现点对点的数据信息共享交换，又可实现去中心化和去信任化，与此同时，还能做到备份，实现了数据信息可追溯、可管理，大大增加了政务信息共享的范围和效率。

利用区块链技术一致性协议同步各节点数据，实现其他各部门共享授权的信息源。点对点技术与智能合约扩大数据共享的范围、速度和程度，提高数据共享的及时性和标准化。在政务数据共享模式中，通过智能合约机制在区块链上按固化的规则强制运行，在约定条件下使多个政务部门协同完成一个业务过程，同时确保数据流动过程中的安全、透明、可控，最终实现数据流转的全生命周期归管和可追溯性。

区块链技术可以有效解决数据确权难题。它在明确数据所有权的基础上，基于区块链系统的共享账本以及信息可溯源性，打消人们在数据使用中的顾虑，促进数据共享。同时，区块链可记录保存各项数据写入时间，实现数据所有权与使用权的分离，有效保证数据所有权，实现数据资产化。

数据的共享也能够帮助数据申请访问者获得更多的价值。企业与公众通过点对点技术可以获得个性化、精准化的信息，提高数据的社会价值。此外，随着计算能力的增加和机器学习算法性能的提升，利用区块链技术的可信任性、安全性和不可篡改性本质，可以有助于政务数据的科学决策，各层级、各部门政府组织能够从全社会范围内及时掌握大量的真实数据，以此了解社情民意，掌握社会需求，从而获得可靠、科学的决策信息。

4. 促进服务升级

区块链技术的最大价值在于数据信任和基于数据信任建立数据共享，并基于数据信任/数据共享建立起来的高效协作和联动的政务管理系统，建设一个基于信任数据的个人信用评价模型和体系，从而把政务服务能力和社会治理能力带入一个全新的阶段。

借助区块链的数据交换平台，使政务人员或社会公众从收集不同部门的各种审批文件这样烦琐事务中解脱出来，通过授权的方式提供访问权限，满足信息公开服务的要求。

区块链技术的特点保证了数据的不可篡改、可追溯性，通过系统审批资料电子化和区块链存储化，加入工作人员和审批人员的区块链电子签名技术，完成电子档案的区块链存储和数据共享，实现跨部门的无纸化审批流程，大大提高了工作效率，也便于实现各部门的联动能力。[①]

基于区块链的政务数据共享有助于政府服务模式的转变。区块链技术的分布式存储、不可篡改、可追溯性特点给予了公众对于区块链及其保管信息的充分信任，一些基本的信息，如法人单位信息、自然资源和空间地理信息、电子证照信息等，公众不再需要政府的审批就可以在共享平台中获取和使用，并且可以将数字身份控制权从中心服务器移交给个人，让个人拥有对数字身份的控制权。各个政务系统可以访问区块链中可信的个人数字空间，变条件审批为信任审批，变被动服务为主动服务，以此实现政务服务的“零跑腿”，使公众需求得到最大限度的重视和满足。

---

① 肖炯恩、吴应良：《基于区块链的政务系统协同创新应用研究》，《管理现代化》2018 年第 5 期。

（四）典型案例

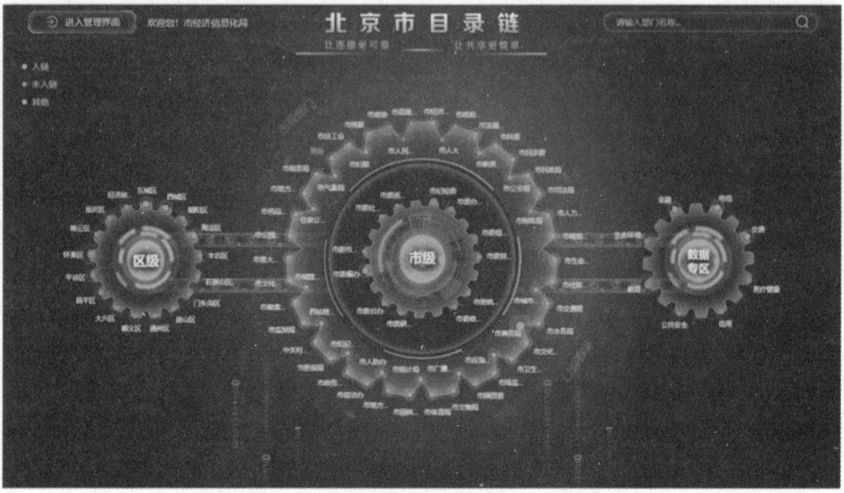

图 78　目录链创新共享交换平台首页展示

北京——目录链创新共享交换

1. 项目背景

北京市 2006 年已建成早期的市区两级共享交换平台，实现与国家共享交换平台的对接，并接入了 16 个区和 69 个市级部门。但存在数据未落地，只是交换通道作用，数据交换与目录存在脱节，数据共享和开放不充分、不全面等问题。为进一步提升数据管理效率效能，北京市大数据平台在原来共享交换的基础上，引入区块链等技术，构建“目录链”体系，将各部门职责目录和关键数据目录“上链”锁定，实现全市数据的逻辑管控。

·解决目录管理中“死目录”、目录与数据“两张皮”、目录变更和数据共享授权随意等问题，形成全市数据和系统的归一化。

·从城市级的管理层面开展自我革命，通过“目录链”体系实现共享交换体系技术架构的重构与升级，解决“聚”和“通”的关系，并实现“聚”

和“通”在不同历史时期的动态调整。

• 通过定向开放、特区开放、完全开放等形式，与本市服务业扩大开放工作有机结合，发挥大数据在促进产业带动、优化服务民生等方面的先导支撑作用，提升大数据的社会效益。

• 通过技术体系变革，明确市级政务部门未上链的信息系统不得申请运维或升级改造费用；在建信息化项目涉及的职责目录、数据目录及信息系统相关信息未完成上链的不予验收；上链内容不完整、长期不更新的，暂停其对应的信息系统的运维费用，从根本上解决了编制、预算、项目申报和验收等管理层面问题。

基于以上背景，北京市经信局于 2019 年 1 月 9 日发布《关于基于区块链技术的北京市大数据目录管理方案征集的通知》，17 家单位设计并演示了目录链系统；华为随后在 3 月初中标北京大数据行动计划数据治理（含目录链）项目。

北京市经信局与华为成立目录链联合创新小组，基于华为在区块链方面的技术积累和市经信局在政务信息资源实践方面的丰富经验，共同研究并交付业界技术领先、高可用、分布式的目录链系统。项目于 2019 年 3 月 1 日开始联合研发原型系统，4 月 30 日系统正式部署，6 月 19 日上线试运行，7 月 12 日第二次面向全市进行目录链使用培训，8 月 9 日在北京市第五次大数据行动计划推进小组会上向陈吉宁市长演示，市级目录链于 10 月 15 日锁链正式运营。10 月 17 日，全市首个基于“链”的数据共享完成，市水务局申请共享市规划自然资源委的“建设用地规划许可证”和“建设工程规划许可证”数据，用于支撑供排水接入营商环境的政策措施落地。数据共享的申请、授权、获取数据全流程在目录链管控下自动执行（10 分钟内完成），各环节操作实时记录上链，全程留痕可追溯。

2. 方案概述

目录链是基于区块链技术与区块链理念打造的，由软件与对应的管理办法组成的完整的解决方案。目录链通过分布式存储保证人们在各个委、办、局等节点看到的目录是可靠可用的，任何一个节点的修改会快速同步到全部节点；通过不可篡改保证目录上链后其共享范围对接的系统都无法独立修改，必须基于共识与智能合约的控制，在多方协同的情况下完成业务的变更，达到保证目录全面可信、可靠；并通过数据探针将目录与生产数据的映射关系上链，使目录链实现对链下数据的锚定，为按需数据抽取提供技术基础；同时通过智能合约将传统大数据交换的行为固化成自动运行的软件逻辑，以目录链为大脑驱动共享交换，把所有操作行为、访问行为都记录在区块链中，为后续的业务考核、数据溯源提供真实可靠的数据源。目录链总体架构如下图所示：

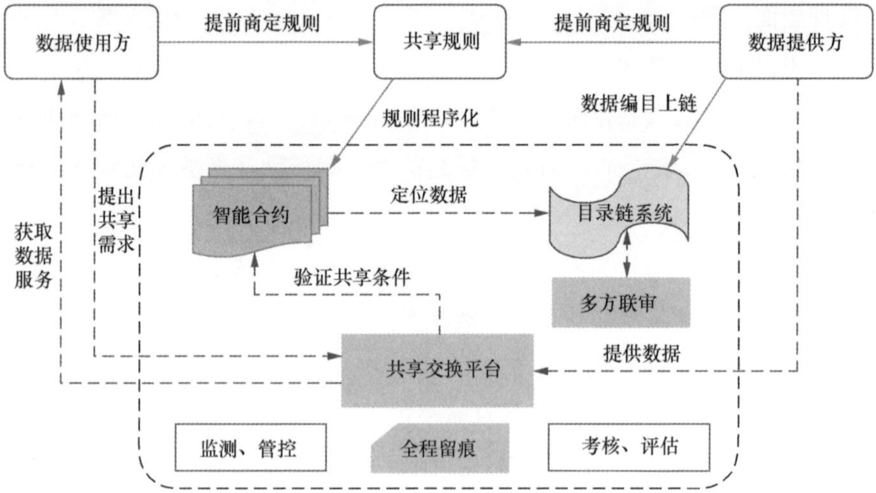

图 79　基于共享目录链的数据交换架构图

（1）建设思路。

各单位按照五级目录结构，在已有“家底”基础上进行更新和完善，形成一套完整、唯一的部门目录；市级平台提供统一的目录管理界面（注册、查询等）及编目工具。

（2）目录“打底”的方式。

一是大部分单位可直接利用前期目录梳理、系统整合、规划备案、入云搬迁等已有基础，不再重新梳理；二是部分没有基础（或已发生较大变化）的单位，利用新的编目工具从数据库中直接提取原始目录作为初步“打底”。

（3）目录完善的推进策略。

以项目评审和数据汇聚为抓手，分别从信息系统目录和数据资源目录切入，推动本单位五级目录的完善。

从信息系统目录入手向两侧延伸。各单位申报项目前，应先完善对应的信息系统目录及信息系统包含的数据资源目录；项目验收前，应对信息系统目录和数据资源目录进行更新，与项目申报形成闭环。

从数据资源目录入手向两侧延伸。各单位数据汇聚前，应先完善数据资源目录，并与信息系统实现关联；数据汇聚后，应与汇聚的数据实现对接。

（4）推进信息共享应用。

基于北京市相关文件的要求，凡是能够通过共享获取的不能自行采集。目录链系统通过各业务部门采集梳理的数据结构进行内部比对和血缘分析，对可以进行共享获取的对用户和信息化管理部门给予提示。

通过目录链系统提供建立电子化协议或打印纸质的方式，业务部门将基于目录上的共享需求进行协议的签署，保障目录的充分利用。

通过目录链系统智能分析业务部门提示方向需要的信息资源，展示相关信息资源，积极推动信息共享。

（5）确保目录鲜活。

目录链系统采用技术抓取与业务梳理相结合的方式自动将用户数据库、业务数据库的结构等信息进行抓取，并通过系统给用户一个直观展现，辅助用户对信息资源结构进行中文名称等关键要素的编辑。

目录链系统还支持对标准化数据字典的导入导出，进一步为用户提供一个方便的技术手段。

基于北京市相关要求，在信息系统进行项目审批以及验收等阶段均对目录信息进行更新，以保证数据的实时性。

（6）强化考核评估。

建立大数据目录考核评估体系，研究制定考核评估量化指标，以此引导全市各部门开展目录梳理工作。同时，考核结果纳入全市绩效考评体系。

3. 创新亮点

(1) 目录链是一种管理思维的创新。

如何实现数据在全社会范围内的有序共享？如何盘活数据在业务协同中的巨大张力？如何释放政府得天独厚的数据红利？目录链创造性提供了用职责“绑定”、以链条“管协”的实施方略，即部门数据与部门职责强关联，共享关系用共享链条强锁定，解决了数据在部门内游离散乱、在部门间协同无据的桎梏问题。

(2) 目录链是一种技术组合的创新。

目录链以区块链技术为核心，创造性地聚合了数据探针技术、数据沙箱技术和隐私计算技术等，实现政府部门之间、部门与企业之间数据的可信、安全交换，并针对敏感数据实现“可用不可得”“阅后即焚”，解决政府数据安全带来的数据开放共享问题。同时，数据流动过程记录实时上链，方便数据溯源。

(3) 目录链是一种业务逻辑的创新。

目录链旨在通过改变部门数据的生产关系来促进数据共享交换。基于区块链技术的目录系统，自带共识信任特性，解决部门之间数据共享不信任难题，数据共享双方依据区块链提供的共识协议自动达成信任关系。同时，加入目录链的部门，能自动同步目录链上的共享目录资源，无须额外对接，各部门数据真正做到“谁产生、谁提供、谁负责”。

4. 应用成果

截至 2019 年 12 月 31 日，北京市目录链上线运行正常，共产生 2289892 个“块”，共有 53 个市级政府部门、16 个区和 7 个社会机构接入北京市目录链。其中，政府部门“上链”内容为职责目录、数据目录和信息系统基本信息，社会机构“上链”内容为数据目录。

下一步，北京市将推进数据上链，将电子证照等专项数据上链锁定，促进业务协同办理，实现区块链、大数据与人工智能的有机结合，通过区块链技术打通数据壁垒，确保可信数据的获取；使用人工智能、大数据技术辅助政府业务，提升业务处理与办理效率。以目录链作为“基础链”，提供政务数据的逻辑管控，在目录链基础上构建若干的“应用链”，应用的数据通过目录链来赋权、监控与考核。在政府内部，实现数据的全面整合，提升政府部门工作效率；面向社会，深化“最多跑一次”改革，向人民群众展现一个统一开放的透明政府。

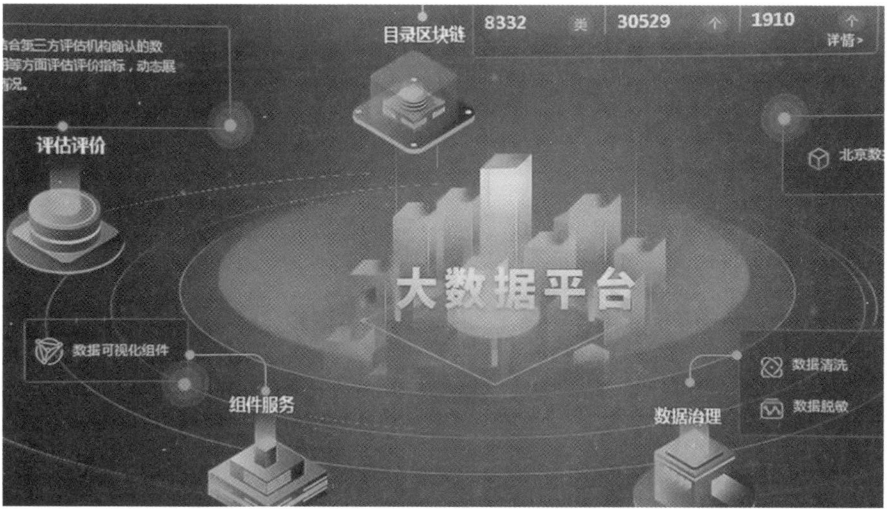

图 80　目录链数据监控平台

南京——荣泽区块链政务协同平台

1. 项目背景

国务院在 2016 年 9 月 29 日发布的《关于加快推进“互联网＋政务服务”工作的指导意见》中要求，要打通数据壁垒，实现各部门、各层级数据信息互联互通、充分共享。南京市作为国家“互联网＋政务服务”平台建设的试点城市，较早地在智慧城市建设中应用了区块链技术。

在南京市委、市政府的大力支持下，江苏荣泽信息科技股份有限公司从 2017 年开始携手南京市信息中心，首次将区块链技术应用于政务数据共享、政务数据协同、营商环境优化、金融服务等方面，助力南京建成了全球最大规模的城市区块链可信数据网络，实现了政务数据跨部门、跨区域共同维护和利用，促进业务协同办理，深化“最多跑一次”改革，为人民群众带来更好的政务服务体验，并充分贯彻落实了习近平总书记在中共中央政治局学习中就区块链技术应用中提出的要求：要把区块链作为核心技术自主创新的重要突破口，明确主攻方向，加大投入力度，着力攻克一批关键核心技术，加快推动区块链技术和产业创新发展。要抓住区块链的技术融合、功能拓展、产业细分的契机，发挥区块链技术的五大作用：促进数据共享、优化业务流程、降低运营成本、提高协同效率、建设可信体系。

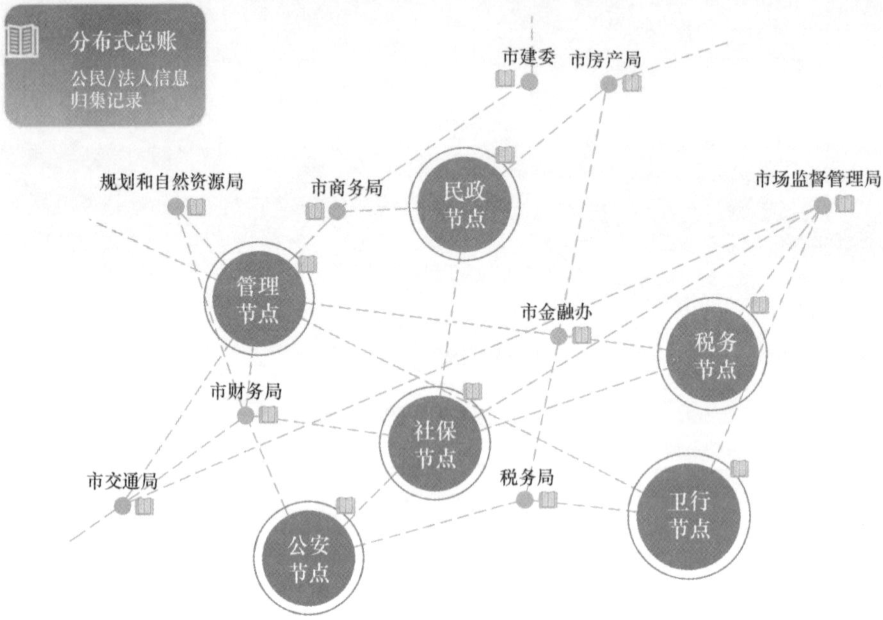

图 81　政府部门间点对点可信网络

2. 方案概述

荣泽科技携手南京市信息中心首次将区块链与电子政务相结合，利用区块链技术实现了打破各部门信息孤岛，建立政府部门间点对点的可信网络，实现了公民/法人的可信电子证照的全面归集和共享。借助区块链的中心化同步记账、交易身份认证、数据加密等手段，支持授信部门提供和使用证照服务，同一种证照市民只需要提交一次就可以在多个部门间互通使用。同时，在政务服务一张网、电子购房证明全程网办、房产交易一体化、营商环境优化、水电气有线电视在线过户、多规合一行政审批、人才落户在线申请、电子税票/发票、政策匹配、智慧公证等业务场景中也得到了成功实践，实现了“不见面审批”和全方位便民服务。

3. 创新亮点

随着政府信息化水平的不断提升，政府部门在提供公共服务过程中已生成、采集和存储了大量政务数据。但在传统模式下，政府分支机构众多，各机构信息化水平存在差异，难以与其他部门形成有机结合；在政务数据的产生、传递、处理、存储等工作流程中，很容易导致信息的采集和更新不及时、不准确，引发业务矛盾；对于政务资源的共建、共享模式，各部门间仍无法形成共识，跨部门、跨层级信息传递和数据共享统筹依旧很难。经实践，基于区块链技术的不可篡改、去中心化、数据加密以及信任传递的特征，对于实现政务数据共享、政务业务协同、政务数据对外开放具有非常好的优势。针对现有痛点问题，荣泽区块链政务协同平台利用区块链技术，可实现以下优势：

（1）延伸电子证照内涵。

将电子证照形态从电子证件和批文延伸到业务和数据记录，与公民/法人相关的社保记录、纳税记录、行政审批和处罚记录等作为互信互认的电子证照使用，使得“互联网＋政务服务”平台可闭环全程网办的事项扩展到1600多项。

（2）解决数据安全保证和共享需求之间的矛盾。

整个数据交互流程是在解密中心的统一权限管理下，通过各部门使用公私钥加密上传、解密使用，解决了数据的实施共享、鉴权变更和安全使用之间的矛盾。

（3）政务数据的灵活使用。

基于区块链智能合约技术，根据数据应用需求和权限授权的范围，各部门可以灵活使用证照提交、证照核对、详情查询、评估结果等多种数据交互方式。

（4）构建部门间数据共享生态机制。

利用区块链技术优势解决了数据存储、管理、使用的平等与平权，通过建立数据共享的生态机制推动部门向“互联网＋平台”的数据和业务开放。

（5）智能合约支撑跨部门业务协同。

建立部门间互信互认的沟通渠道，执行公开透明规则，简化业务办理流程，实现跨部门业务协同，推动政务信息化建设模式优化。

（6）驱动政务数据对外安全有序开放。

受信息安全与隐私保障的限制，政府部门具有大量权威的个人与企业的数据而不能发挥最大价值，而社会运行过程中各商业机构为了采集与验证这些数据需要付出大量重复的工作，造成商业活动的低效运行与极大的成本浪费。

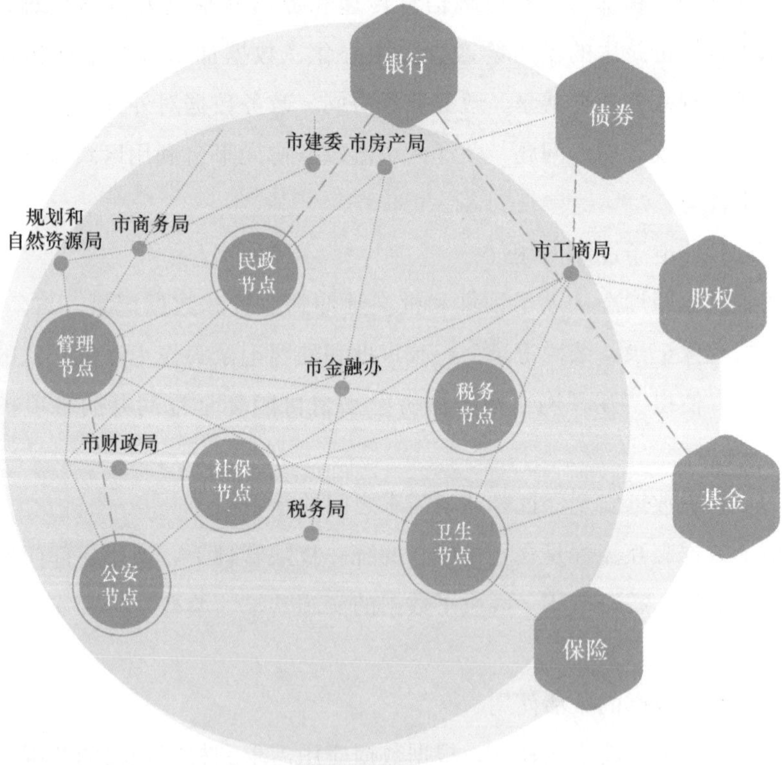

图 82　区块链促进政务数据互联互通

在政务协同平台的基础上，将政务链上的全量公民与法人数据对银行有序开放，连接银行、保险等金融机构，通过共识的智能合约，合法并且有监督和授权地使用数据，借助政府的数据、窗口及信息化的基础支撑，为市民和法人提供精准的金融服务，并不断推进政务数据向教育、医疗、公共信用、新零售等公共服务场景延伸。

4. 应用成果

基于荣泽区块链技术的政务协同平台已经助力南京市政府重构了政府部门间的数据共享机制和政务流程，打通了公安、民政、税务、房产、人社等49个政府部门，完成了1800多项电子证照的归集与1600多个办件事项的连接，涵盖全市25万家企业、1000万自然人的政务服务信息，发挥了区块链在促进数据共享、优化业务流程、降低运营成本、提升协同效率、建设可信体系等方面的作用。

（1）平台支撑电子购房资格证明服务。

以电子购房资格证明实现全程网上办理为例，通过区块链政务协同平台实现了公安、民政、人社、教育、房产等部门的信息安全高速共享，开通当日在线申请6000人，开具电子购房证明1328张，是线下网点日均办理量的近10倍。

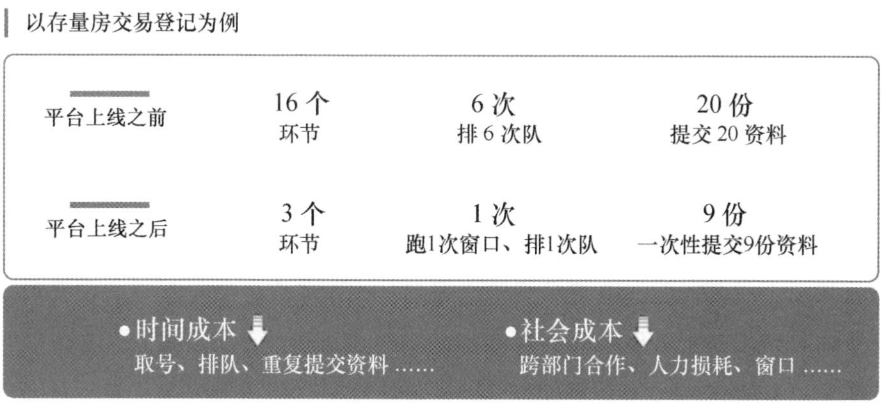

图83 区块链为政务协同工作降本增效

(2) 平台支撑房产交易一体化服务。

房产交易对接区块链政务协同平台后，实现了与规资、地税、财政等多个部门的业务联动，商品房交易登记原来需要 8 个环节，往返大厅 2～3 次，现在简化至 2 个环节，排 1 次队，往返大厅 1 次；存量房交易登记原来有 16 个环节，需要往返大厅 5～6 次，现在简化至 3 个环节，排 1 次队，往返大厅 1 次，原先要跑 3 个部门排 12 次队，提交 20 多份材料，现在仅需向 1 个窗口提交 9 份材料，并且材料一次性扫描存档，由登记机构保管，其他部门共享。从而实现一次取号，一窗受理，集成办理，网上缴费，快递送达的一套龙服务。

(3) 平台支撑精准金融服务。

精准金融平台经过两年多的探索实践，目前已经有工商银行、中国银行、江苏银行、南京银行等 20 家银行加入并提供金融服务，为个人和企业提供房产按揭贷、个人消费贷、企业主经营贷等精准便捷的金融服务。截至 2019 年 9 月，个人消费贷累计放款近百亿元；房产按揭贷款上线试运营半年以来，累计发放按揭贷款近 2 亿元；企业主贷款预评估总金额近 3 亿元；通过运营效果分析，每亿贷款为银行节省 340 人/天的人工成本，用户从申请到下款不超过 10 分钟，大幅提高了市民、中小企业的贷款申请效率。下一步计划加快推进更多银行接入，丰富个人/企业金融产品，优化普惠金融平台的用户体验。

国家税务总局深圳市税务局——区块链电子发票

1. 项目背景

随着经济社会的发展，商事主体激增，商事活动频繁，发票需求量呈指数级增长，尤其在线上电商经济快速崛起、线下非现金支付基本全覆盖的情况下，传统发票服务体系面临严峻考验。于消费者而言，纸质发票索票难、保管难、查验难。于企业而言，需进行票种核定、防伪税控设备发行等，管理成本高，使用效率低。于税务局而言，纸质发票的印刷、审批、发售等环节耗费大量人力、物力，风险防控效率低。基于此，深圳市税务局利用区块链技术推动解决发票管理中的“痛点、难点、堵点”问题，联合腾讯公司合作成立“智税”创新实验室，构建深圳市税务局税务链，积极向总局争取获得区块链电子发票的批复试点并制发规范性文件，于 2018 年 8 月正式开始区块链电子发票试点工作。

区块链技术具有去中心化、信息不可篡改等特性，与发票逻辑吻合，区块链电子发票系统通过将发票相关信息上链，对发票从开具到报销的过程实现全流程管理，企业在区块链上实现发票的开具和收取，消费者在区块链上开票和报销，税务机关在区块链上开展风险管控，实现每一张发票都可查、可验、可信、可追溯。

2. 方案概述

深圳市税务局区块链电子发票系统是以区块链技术为基础，针对税务发票行业推出的一套解决方案。下面将从系统架构、参与角色、业务流程三个方面对该系统进行介绍。

①区块链电子发票系统架构。

深圳市税务局区块链电子发票采用联盟链型的区块链（税务链），其总体框架主要包括基础平台层、应用服务层、第三方接入层、税务链管理平台、商户端管理平台以及统一的标准层 6 部分。

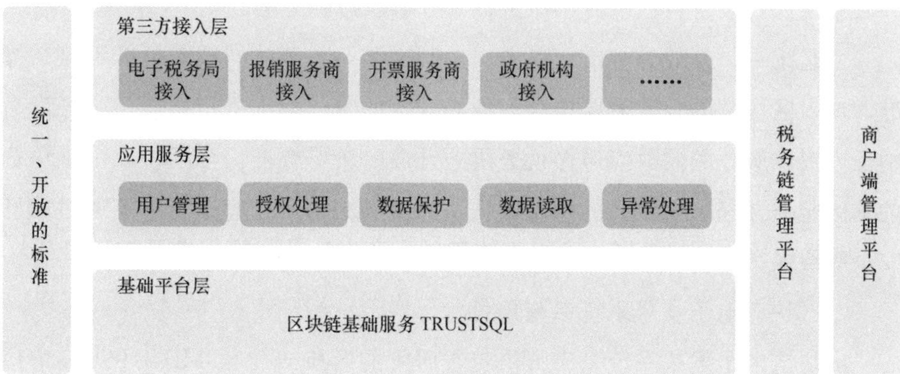

图 84　区块链电子发票架构

一是基础平台层。基础平台层提供底层区块链服务能力，提供权限管理、哈希运算、数字签名、对称/非对称加密等密码学算法、共识机制、通讯协议、智能合约、存储机制，保证了链上数据可追溯和不可篡改。

二是应用服务层。应用服务层主要承载区块链电子发票业务，包括用户管理、数据操作、数据保护、授权读取和异常处理 5 个核心模块。5 个模块分别代表电子发票业务中的不同功能，模块功能将在下文的参与角色、业务流程部分进行介绍。为了提高系统的兼容性，使其能灵活适配不同业务，对外提供 SDK 和 API 接口。

三是第三方接入层。为方便系统与第三方系统进行集成，引入第三方接入层。该层利用应用服务层提供的 SDK 和 API，方便、灵活地与第三方系统进行集成，第三方系统有税务系统、政府系统、企业系统等。

四是税务链管理平台。为提高系统的易用性，提供了税务链管理平台。该平台主要用于管理全网节点和链的信息，如引入新节点或者封存、删除已有节点等。

五是商户端管理平台。纳税人通过商户端管理平台对自己的开票数据和开票方式进行管理。纳税人的法人或财务负责人通过电子税务局访问商户端管理平台，包括注册上链和维护自己的部分链上信息，对发票进行真伪查验和归集统计，设置自己的开票服务商和开票状态，等等。

六是统一、开放的标准。税务机关制定统一、开放的技术标准和接入标准。加入区块链的企业需要按照税务局规定的统一标准进行接入。服务商为纳税人提供服务的同时应遵循税务机关开放的统一标准，为纳税人提供免费的基础服务并保护纳税人的隐私数据，所提供的第三方应用至少应通过信息安全等级保护二级认证。

②区块链电子发票系统参与角色。

区块链电子发票系统基于腾讯自主研发的区块链技术 TRUSTSQL 搭建的深圳区块链电子发票主要包含 5 种功能角色，分别为：政府角色、税务局角色、开票角色、流转角色、报销角色。

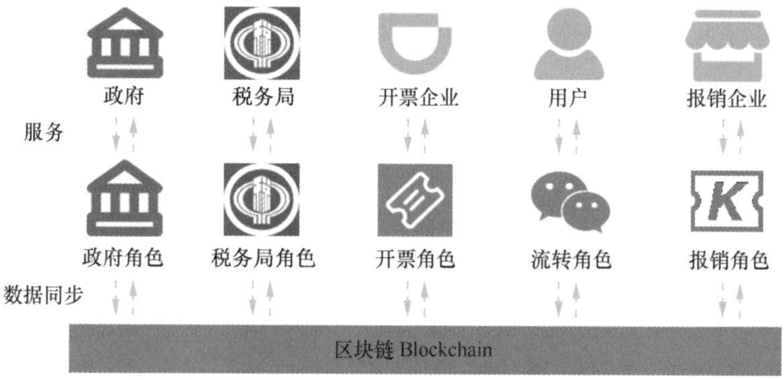

图 85 区块链电子发票参与角色示意图

一是税务局角色。目前只有深圳市税务局，即四个共识节点都由深圳市税务局运营。税务链上的所有共识网络都需要税务局参与，因此深圳市全部区块链电子发票数据都保存在深圳税务局内网。

二是开票角色。大型开票企业接入时，可以自建节点。自建节点的好处是开票数据在链上是物理隔离，可以保护隐私，同时也可以保证性能和稳定性。

三是报销角色。作为区块链上的报销节点提供区块链电子发票报销服务。

四是政府角色。政府机构将作为观察者节点加入区块链中，促进区块链上的数据共享和流转。

五是流转角色。类似微信或者支付宝这些中转服务商接入，为一般的个人消费者提供通用的发票保管服务，需要自建节点。

③区块链电子发票业务流程。

区块链电子发票采用区块链底层技术进行发票无纸化管理，以交易相关人为节点，将交易及发票相关信息实时上链，覆盖了注册、领购、开票、报销、纳税申报全流程，实现了全流程、立体化监管。

第一，注册。

区块链电子发票注册分为税务局后台注册和电子税务局开放式注册两种，针对不同企业和不同阶段采取针对性的注册方式。

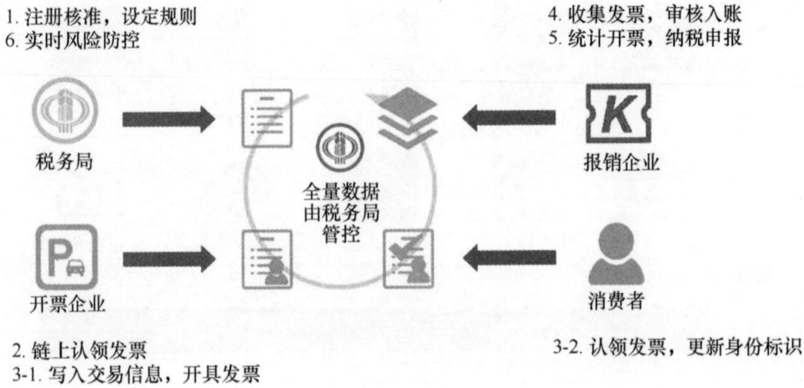

图 86　区块链电子发票业务流程

第二，领购。

区块链电子发票采取按需供应的模式。在预警范围内企业可根据实际电子交易信息自动无感领用，超过预警范围的纳税人系统会自动推送风控信息到区块链电子发票管理平台，由税务人判断是否继续供给。

第三，开票。

实现开票模式简单化。纳税人完成注册后即可开具区块链电子发票，系统可以实现设置默认税率，无须商家干预消费者即可开具完成；商家也可以调整税率、开具红字发票、暂停使用区块链电子发票等操作，使原本烦琐的流程数字化。

实现开票途径多样化。消费者可选择付款时开票、付款回执开票、第三方 App 开票等开票途径，方便快捷。

实现发票存储无纸化。消费者开具区块链电子发票后，该发票自动插入消费者卡包，消费者可以选择无纸化报销，直接将发票推送到报销企业的财务核算软件，也可以转发或打印。

第四，报销。

报销环节可分为纸质发票报销和无纸化报销两种。针对电算化较差的企业可以选择将区块链电子发票打印成纸质版入账；针对财务核算软件接入区块链的企业，可以采取无纸化报销，无纸化报销只需消费者在卡包中简单操作，就可以将区块链电子发票即时推送至企业报销系统。

第五，纳税申报。

电子税务局提供开票情况统计查询功能，纳税人可根据实际交易情况（账载金额）结合开具区块链电子发票和其他发票情况进行纳税申报，同时逐步探索“支付即开票”的可能性，彻底杜绝补开发票的时间不一致问题。

第六，风险防控。

注册环节把关严。在纳税人注册使用区块链电子发票时，系统自动对纳税人进行全面体检，将不适宜使用区块链电子发票的纳税人阻挡在门外。

实时扫描防风险。系统每天自动扫描使用区块链电子发票的纳税人是否涉入了上述风险点，若存在上述任一风险点，系统会在“T+1”时效强制停供该纳税人的区块链电子发票。

开票预警问题。针对不同行业不同规模的纳税人，系统可以批量设置开票预警值，当纳税人开票超过预警值后会及时推送风险点到“区块链电子发票管理平台”，税务人可视情况决定是否依职权停用。

“依职权停用”有实效。当纳税人触犯《区块链电子发票管理办法》及其他法律法规，税务机关认为需要停供发票时，可在区块链发票管理平台对其进行依职权停供发票等操作。

3. 创新亮点

（1）以“放”为基础，回归发票本源。

一是成本节约。区块链电子发票通过多节点上链，打通发票的领票、开票、流转、报销、申报的全流程。开具区块链电子发票不需购买任何专用硬件设备和税控设备，只需使用手机或普通连通互联网的计算机即可实现开票。在开票企业方面，可通过网页商户端或微信小程序端查询和管理日常开票信息，且开票信息通过大数据平台同步至申报信息，一并纳入电子税务局票表比对监控，无须进行抄报税流程。在消费者方面，区块链电子发票是以数据形式存储在消费者的手机中，通过已经接入区块链的 ERP 系统或其他收票平台，可推送报销，实现发票流链上流程全闭环，节省了纸质发票开具、邮寄、传输的各项成本。二是流程简化。区块链电子发票坚持“交易即开票”原则，使发票回归到作为商事活动交易凭证的本源。纳税人在线提出申请，系统将自动扫描实名办税、异常经营信息及印章刻制信息，“秒批”用票资格。区块链系统基于交易订单信息开票，确保开票需求与交易支付信息同步，真正实现发票开具与实际经营相吻合，基于此原理放开对发票用量、面额的限制，实现纳税人自主按需开票，大幅提高用票效率，可全流程线上完成开票，无须人工审核，消费者点击后即开即得，达成了发票开具时间与增值税纳税义务发生时间的一致性，有效地保证了税法的准确实施。

（2）以“管”为保障，启动全面监管。

一是事前监管。区块链电子发票系统设置了准入门槛，有以下情形之一的纳税人，不予使用区块链电子普通发票：风险任务应对结果为无法联系、不在注册地址（含生产经营地址）经营或者拒不配合的纳税人；稽查定性虚开的纳税人；增值税发票管理新系统风险纳税人；非正常户；实名办税纳税人黑名单纳税人；未按规定刻制发票专用章的纳税人；主管税务机关认定的其他情况。纳税人申请注册使用区块链电子发票时，系统会进行全面扫描体检，相关指标不满足条件将无法通过审核。大数据平台定时推送纳税人状态变化信息，若不满足准入资格，系统将自动暂停开票资格，待相关情况消除后系统才会解锁。二是事中监管。通过区块链管理平台，可实时监控发票开具、流转、报销全流程的状态。系统可设置发票金额和发票数量的预警值，当发票用量或金额发生异常变化时，会触发系统预警，发送至主管税务机关。在预警产生的同时系统会对高风险纳税人及时进行锁票、停票，实现发票全方位实时风险管理。三是事后监管。将区块链电子发票纳入现有风险管理体系，统一部署、统一管理、统一防控。依托基础数据分析、风险指标体系、风险模型运用，重点开展税收风险分析、识别、推送及应对工作。

（3）以“服”为根本，提升数据服务。

一是服务企业全流程管理。区块链电子发票通过发票线上全流程管理，将发票资产化、数据化，解决了企业最担心的“一票多报”和“假发票”等问题。开票信息通过大数据平台同步至申报信息，同步纳入电子税务局票表比对监控，便于企业记账和申报，提升税法遵从度。同时，线上全流程管理直接对接财务核算系统，便利了查验和报销的流程，减轻了企业的内部审核工作量，降低了涉税风险，有效服务于企业内部财务管理，成为企业乐于接受的财税一体化管理形式。二是服务税务机关数据获取。区块链电子发票系统提供给税务机关的不仅仅是全方位的发票数据，还包括交易数据、支付数据和报销入账数据等。发票在线上的流转信息与实名用户关联，发票流转状态实时可查，便于跟踪和追溯，为税务机关提供了便利的大数据服务，有利于实现精准高效的税务管理。

4. 应用成果

截止到 2019 年 12 月，深圳市税务局区块链电子发票系统已上线税务人端、纳税人端和微信小程序，开票和收票的标准接口均已打通，与 9 家开票服务商及 5 个报销平台实现了对接，累计开票超 1600 万张，日均开票超 10 万张，累计开票金额超 120 亿元，覆盖金融保险、批发零售、港口交通、互联网服务等 113 个明细行业，已经上线的企业包括沃尔玛、招商银行、银联、万科、深圳地铁等知名企业。

区块链电子发票自上线以来，区块链电子发票在以下场景中构建了经典应用案例。

①沃尔玛深圳全线覆盖，验证了区块链电子发票在复杂场景下的可适用性。

2018 年 11 月 8 日，全球零售巨头沃尔玛开出首张区块链电子发票，随后实现深圳区域内“线上和线下一体化”的开票方案。在线下开票场景中，消费者在超市内购物结账后，通过手机扫描二维码进入公众号开票界面，填写购物小票中的订单号并提交抬头信息后即可完成发票开具。成功开具的区块链电子发票可插入微信卡包或发送至电子邮箱；消费者还可以免费自助打印发票，只需用手机微信扫一扫自助发票打印机上的二维码即可。通过“沃尔玛扫码购”小程序在线购物的消费者完成支付后，点击进入开具区块链电子发票页面，填写开票信息即可快速开具发票，发票上还可完整展示购物清单，全程自助操作不需后台审核。用户在沃尔玛体验区块链电子发票开具的情景如下图所示。

图 87 顾客自助扫码为商品开具电子发票

②微信支付上线区块链电子发票开具功能，小微企业可轻松接入。

2018 年 12 月 11 日，区块链电子发票系统打通微信支付平台，开通微信支付功能的商户，在申请开通“区块链电子发票”服务后，只需简单配置开票参数即可使用区块链电子发票，消费者扫描该商户微信付款后，可以由微信支付回执进入区块链电子发票开具页面。

图 88 微信支付上线区块链发票开具功能

③落地公共交通场景，解决每天数百万人次出行用票需求。

在公共出行方面，深圳市地铁、出租汽车、机场客运巴士等公共交通业务也陆续接入区块链电子发票。

深圳市地铁乘车码上线开具区块链电子发票功能，乘车码用户在每次行程结束后，可通过微信在扣费凭证页面或通过小程序进入开票页面自助开票。目前该功能为日均 1.6 万人次提供发票开具服务，极大地提高了公共出行用票效率。

此外，乘客在乘坐深圳市出租汽车时就会听到“本车可开具电子发票”的语音提示，行程中扫描车内的二维码，事先录入抬头信息申请行程结束后将自动收到区块链电子发票，也可在行程结束后随时随地开具发票，即使手机没电也可以在充电后通过手机短信进入开票页面。上线区块链电子发票不仅提高了乘客的用票体验，还为深圳市出租汽车行业节省了每年近千万的卷式发票印制成本，受到司机和乘客的广泛好评。

图 89 乘客体验乘车码开具区块链电子发票

2019 年 3 月 18 日，区块链电子发票上线当天，深圳市交通运输局、深圳地铁、深圳市税务局、腾讯公司相关工作人员体验乘车码开具区块链电子发票。

第三篇

管理篇

区块链的发展过程中一直存在着由新技术带来的监管挑战及法律空白等问题。我们在鼓励区块链的同时，也应该认真思考，如何用合适的管理方式和监管手段来应对区块链应用面临的种种问题，如何正确的引导区块链行业健康发展。下面从分布式账本、智能合约、链上数据、虚拟货币等四个角度全面分析区块链技术面临的监管挑战，并将着重梳理国内外的监管实践。

一、区块链监管挑战

（一）去中心化的监管问题

“去中心化”作为区块链技术的一个主要特征，具有不可篡改、全程可溯等特点，但在多主体间建立信任的同时也会引发新的监管问题。传统的互联网服务模式都有一个中心化的机构作为服务的主体，例如，网上购物的服务主体是淘宝、京东等各大电商平台；新闻媒体的服务主体是各类门户网站和媒体平台。

对于监管者来讲，中心化服务的监管对象也显而易见，就是提供服务的中心化的机构。在区块链的世界中，现实中的主体会以区块链节点的形式存在，这些节点或组织基于约定的规则、利用机器信任，在达成共识后，一同提供相应的服务。区块链的“去中心化”可以理解为：各个相互独立的主体共同提供某种服务。而在传统互联网中，某种服务只由某一个“中心化的机构”提供。

区块链的“去中心化”的技术特点使得服务主体具有分散性的特征，进而导致了区块链服务参与方难以直接监管。现实生活中的跨境服务业务，区块链节点被分布在不同的国家和地区，对于这类跨国节点的监管所适用的法律体系必然也有所不同。区块链这种去中心化、全网共识的特殊组织方式，造成了没有任何一个组织或机构对全链信息的合规性、真实性与完整性承担全部责任。

针对区块链“去中心化”的监管问题，首先要明确监管对象，这是监管的核心问题；其次是针对整个区块链服务而言，如何区分服务中的各个主体的权责问题；最后根据不同种类的区块链系统，分析监管的方式有哪些不同。

1. 去中心化的监管对象

区块链服务的监管的责任主体存在着“去中心化”和分散性的特点，但是“去中心化”只是没有了中心化的服务主体，并不是没有了监管的对象，分散性也并不意味区块链是“三不管地带”，也不意味着“法不责众”。对于这类分布式的平台或组织，仍需要梳理出监管的对象。关于这个问题，可以从国家互联网信息办公室于2019年1月10日发布的《区块链信息服务管理规定》（以下简称《规定》）中找到答案，在《规定》的第二条中讲道：

“在中华人民共和国境内从事区块链信息服务，应当遵守本规定。法律、行政法规另有规定的，遵照其规定。

本规定所称区块链信息服务，是指基于区块链技术或者系统，通过互联网站、应用程序等形式，向社会公众提供信息服务。

本规定所称区块链信息服务提供者，是指向社会公众提供区块链信息服务的主体或者节点，以及为区块链信息服务的主体提供技术支持的机构或者组织；本规定所称区块链信息服务使用者，是指使用区块链信息服务的组织或者个人。”

按照《规定》的解释，监管的对象可以理解为：提供区块链服务的节点、使用区块链信息服务的组织或个人、依托区块链服务的中介机构、提供区块链服务技术支持的机构或组织，以及区块链应用领域对应的市场。

结合区块链监管实践来看，监管对象主要为围绕相关区块链平台开展业务的两类群体：第一类是相关区块链平台以及平台商品和服务提供商；第二类是相关区块链平台的使用者。可以预见，当区块链应用进一步推广时，很可能加入包括互联网服务提供商、搜索引擎、软件开发商、硬件厂商在内的区块链平台服务提供机构作为第三类被监管对象。

但区块链监管治理的内涵和外延远远超过对相关平台的管制，当前区块链在各细分领域的实践正在逐步展开，覆盖面远超这些平台。[①]

2. 区块链服务权责问题

区块链平台作为区块链各类业务运行的载体，承担着重要的角色。在分析完了监管对象之后，需要明确区块链服务涉及的各个角色之间的权责问题。

在部分应用场景中，区块链平台的参与者众多，例如供应链金融的业务中，参与者可能包括核心企业、银行机构、供应商、分销商、零售商等。如果因为系统执行出错或者用户操作不当导致损失，势必会出现责任分配的问题，现行法律中并没有规定是平台技术提供方的责任，还是交易双方的责任，也没有规定承担什么样的责任和受到何种处罚。

如果是某些具有匿名性的区块链平台，交易参与者的不具名也会增加认定侵权或违约方追责的难度。根据现行的《侵权责任法》的相关规定："网络服务提供商如果知道网络用户利用提供的网络服务侵犯他人的民事权利，没有制止或采取措施弥补损失，应与网络用户承担连带责任。"在区块链技术的背景下，如何认定"网络服务提供者"的范围及身份，是摆在法律面前的一个问题。

然而，目前在法律上还没有明确的责任分配机制，平台的权利也没有明确规定。对技术操作的规范，可以制定相应的区块链标准来规范技术指标和用户的操作行为，但是作为指导性文件，不可能规定法律层面的责任。只有通过法律层面具体规定区块链平台在运行和经营过程中应承担的义务，明确责任主体，才能让平台有规可循。

---

① 吴桐、李铭：《区块链金融监管与治理新维度》，《财经科学》2019 年第 11 期。

3. 区块链分类监管

除了上述主要监管主体之外，按照区块链网络类型的不同，监管问题又呈现出不同的形态。下面根据区块链系统是私有链、联盟链还是公有链来划分监管形态。

第一，私有链。虽然私有链系统仍具有多个节点，但其本质上是属于一个法律主体控制的。因此，在私有链的环境中，节点的设立与其成员的法律关系完全兼容于当前的社会法律架构。

第二，联盟链。与私有链类似，联盟链的节点（成员）也是需要认证和许可的。但不同于私有链，联盟链通常是在不同的法律主体之间搭建的区块链网络，并且，在一些情况下，联盟链的网络是在不同国家、地区的主体间搭建的，这就会涉及现行法律对在不同国家设立的节点的适用性问题。例如，2019 年 6 月由 Facebook 公司牵头的天秤座（Libra）项目就是由各个大型集团通过联盟链的方式形成的组织结构，是一种跨国、跨公司组织的新模式。天秤座（Libra）项目的所有事宜均由 Libra 协会共同决策和管理，并且管理是结合 Libra 区块链共同开展的。面对这种新的组织形式，涉及主体责任界定、反垄断等一系列民商法基本问题，需要在法律上进一步明确。另外，跨境的联盟链也涉及跨境数据和本地化问题。

第三，公有链。公有链上每个主体作为记账节点可自由进出，由于主体范围不确定，匿名性强，共识由每个节点验证完成，区块数据透明度高，也被称为非许可链。借助去中心化的点对点网络，公有链可实现自我运营，更加独立于传统的中心化中介机构。此外，相比于中心化机构部署的代码，区块链代码运行更加刚性，修改难度更大[①]。多数公有链由跨越国界的全球开发者社区组成，辖区分割式的监管治理模式难以应对区块链带来的挑战。由于公有区块链完全没有任何的节点准入限制，全球任何人都可接入，上述谈及的问题均可出现，并且由于公有链几乎完全无责任主体，节点的监管难度

① 吴桐、李铭：《区块链金融监管与治理新维度》，《财经科学》2019 年第 11 期。

大，法律属性及监管政策需全球多国协作共同推进。

（二）智能合约的法律挑战

区块链的各个节点或组织基于约定的规则提供服务，这里的“约定的规则”包括但不限于智能合约，可以将智能合约简单理解为区块链中的业务规则。由于区块链上的智能合约可自动执行，并且其执行只依赖于智能合约中设置的条件，因此，智能合约可以自动执行一些通常与具有法律约束力的合约相关联的流程。

本质上讲，智能合约也是一种规则，一种可以自动执行的契约。相较于传统的合约，它只是将合约的内容转化为代码的语言，通过机器将“执行”的过程强制化地完成，减少缔约双方的监督成本。然而，基于区块链的合约在真正的商业实践中，仍旧面临着较大的法律障碍。

1. 智能合约与传统合同的区别

先来了解一下智能合约与传统合同的区别与联系。从技术的角度看，智能合约是一个在区块链上执行的计算机程序。从合约的角度看，智能合约与传统合同是相似的。智能合约作为一种既定规则的代码需要部署在区块链程序上，这种规则是以代码作为合约形式。从一定意义上讲，智能合约是传统合同以代码行为来表达缔约逻辑。

再来看一下两者的区别，在合约编写方面，传统合同是以自然语言书写合同文本，而智能合约则是以计算机代码书写合约逻辑。这个区别导致了传统合约存在一定的语义含糊不清的描述，而以计算机代码为基础的智能合约的业务逻辑则十分明确。在合约执行方面，传统合同在执行过程中，可灵活变更签约条件，而智能合约一经制定无法更改，缺乏灵活性。

传统合同从制定到执行全周期流程烦琐，效率低，违约追责成本高。在多方协作、数字经济快速发展的背景下，智能合约的逻辑明确、执行效率高的特点，给传统合同提供了有力的补充。

2. 智能合约的法律挑战

智能合约是把传统合约用计算机代码来实现，在执行合约方面，智能合约依靠“机器信任”强制执行，传统合约在公信机构的制约下被动执行。智能合约依托于“机器信任”就引出几个问题：一是智能合约真的能正确的反映纸质合同的语义吗？二是执行合约的“机器”出了问题或智能合约本身出现代码逻辑漏洞，造成经济损失，从法律角度上讲，属于谁的责任？三是智能合约如何应对传统合约在执行过程中涉及的变更、转让和终止等问题？四是智能合约的业务边界是什么，哪些业务或者组织使用的智能合约才能受到法律保护？这些是智能合约在纳入合同法的范畴之前，必须要认真回答的问题。下面将针对这几个问题展开分析。

（1）智能合约难以反映自然语言合同的正确语义。

传统合同的表达大多是以语言文字形式为主，那么智能合约的可行性便取决于用代码表达合同权利义务的能力，即合约能否正确地表达传统合同的真正含义。事实上，将自然语言转换为计算机代码并非一件容易的事。

首先，智能合约在准确反映合约当事双方的真实意图的过程中存在问题。基于目前的技术，通过计算机代码来正确的表达合同的权利和义务并非易事。哪怕是逻辑清晰，格式固定的“以太坊”合约，也经常存在各种各样的代码和逻辑漏洞。相较于传统合约的自然语言，代码形式很难被常人所理解，如何验证合约的正确性又会是一个棘手的问题。

其次，在很多业务场景中，法律语言很难简化为计算机语言。法律语言有冗长的表达语句和对抽象概念的引用，它比日常的自然语言更难翻译成计算机语言。而将法律语言翻译成代码也并非等同于将法律文本转换成计算机可读指令的直接过程，而是需要事先对法律文本进行解释，即需要确定双方义务的确切范围、履行特定义务时应达到的执行标准。因此，对合同中的法律语言的正确翻译会是一个巨大的考验。

最后，合约编写人员很难把控合约各方对合同条款本身可能产生的不同理解。智能合约本质是计算机代码，具有计算机代码逻辑唯一性、确定性的特点，当遇到传统合约中词义模棱两可、存在歧义的情况时，智能合约开发人员便无能为力。通常，对合约条款本身产生的不同理解，最终的解释是在发生纠纷后由第三方仲裁机构完成。但在智能合约的语境下，问题不仅仅在于双方对词语含义的理解不一致，同样也在于那些决定将特定权利义务转化为代码的人可能作出错误的解释。那么为了避免出现这种错误解释，智能合约编写的格式和规范将变得至关重要。

（2）智能合约的“确定性”与现实情景的“不确定”存在冲突。

智能合约的执行方式是触发式执行，触发特定的条件，并按照设定的规则自动执行。如同多米诺骨牌，只要“放倒”第一张牌，后面的所有骨牌都会按照既定的摆放方式自动倒下。在这里，“放倒第一张牌”便是触发条件，“摆放方式”便是设定的规则。但是触发条件和设定的规定，都是事先定好的，即智能合约的所有执行操作和规则，都必须预先通过计算机编码设定好，不管外界的环境如何变化，一个防篡改的自我执行的智能合约都会按照计算机编码已经预先设定的规则运行。

这样的设计在一定程度上可以降低不确定性因素带来的违约风险，但是也丧失了传统合约的执行灵活性。在传统合同中，为了适应外部环境的变化或者当事人意图的改变，在合同履行的过程中，要么直接对某些条款进行修改，要么容忍某些合同条款的履行偏差，且这些偏差都必须在合同当事人可以接受的范围内，不会对合同的实质性内容产生影响。但是计算机在执行合约代码的时候，是不允许存在任何“偏差”或者“改变”的，一切都必须被事先设定好，至少目前来看，对单个合约而言，在技术上还无法实现在执行阶段根据现实情景做灵活调整。

智能合约的“确定性”特点与现实中传统合同的“不确定性”因素存在冲突。上文已经解释了智能合约是确定的规则，也只能按照确定的规则执行。现实中的传统合同即便在制定的时候已经明确了所有条款，但在执行过程中仍存在着太多不确定性因素。比如在合同文件中常见的“不可抗力因素”，就难以翻译成计算机语言。而现实中的不确定性因素导致合约变更、转让、解除、提前终止等异常情况，对于规则确定的智能合约而言，往往难以表达。

（3）智能合约的违约责任追究的问题。

现实中商业合同在制定过程中出现“词不达意”的情况时，一般会由专业的律师团队协助解决，最终使合同能真实地反映缔约各方的意图。

智能合约的出现带来了一个问题，合约代码怎样才能被认定为能反映缔约各方的真实意图？因为律师看不懂合约代码，当然缔约各方也看不懂，同时编写智能合约代码的程序员也并非法律专业人士，即便退一步讲，编写智能合约代码的程序员懂一些法律知识，代码也无法解释现实中的合同里出现的一些抽象模糊的术语。那么，编写出来的代码在执行过程中产生的纠纷，从法律层面上讲，该如何认定各方的责任呢？

3. 智能合约的适用范围

必须承认，智能合约确实已经具备了传统合同的要约承诺的属性，同时它能避免传统合约频繁的合同起草，摆脱书面语言固有的含糊不清，使商业行为更加有效和快捷。在现代社会中，一旦发生合同违约，合同的执行和强制力最终会诉诸司法机关，司法机关的执行和强制力必然伴随着高昂的司法与社会成本。而基于区块链的智能合约因其“自动执行”和“中立”的特性，可以极大地节约信任成本，使得不同的主体可以在不互信和无中介的条件下协作完成复杂的商业行为。

然而自然语言与编程语言之间的转换并非易事，双方当事人对具体条款的理解适用难免会产生争议。况且智能合约尚处于初步发展阶段，无论是技术手段抑或是理论体系均不够成熟，因此智能合约会取代传统合同的观点并不可取。为了真正实现智能合约高效、准确的初衷，则需要进一步细化其适用范围①。

这里建议在易于执行、逻辑明确、权责清晰且不会引起过多纠纷的情形

① 赵磊、孙琦：《私法体系视角下的智能合约》，《经贸法律评论》2019 年第 3 期。

中使用智能合约。而对于其余需要细细辨别、依靠解释或后续补充合同条款才能更好执行的，仍然使用传统合同。概言之，便是以传统合同为主，以智能合约为辅。对于有诸多不确定因素的合同，仍然交给传统合同去承担，而对于逻辑确定的合同，不妨交由智能合约去处理。

（三）链上数据的监管难点

链上数据指的是由区块链业务产生，最终存储到“区块”中的数据。区块链数据具有难以篡改、不可删除的技术特征，这在保障数据真实性、安全性的同时，也产生了一系列的监管问题。针对链上数据的监管难点，人们的关注点将集中在垃圾数据、隐私泄露、非法内容这三个方面。

1. 垃圾数据风险

区块链所存储的任何数据的质量和准确性，不能由区块链自己来保证。如果没有一个中心化机构或可信部门负责检查和验证区块链上记录的数据，那么这些数据的质量和准确性就没有保障。

存储在区块链上的信息是否准确，是技术本身无法解决的问题。事实上，由于信息被记录到区块链上后就难以删除或纠正，一旦出错，问题会变得更加严重，反而削弱了区块链系统的作用。

2. 隐私泄露风险

区块链技术公开、透明的特点，在数据可信方面发挥优势的同时，也带来了隐私泄露的风险。对于区块链的应用方来讲，企业并不想把涉及商业机密或者企业内部信息的数据共享出去，对于个人而言，用户也希望保护自己的账户及交易数据的隐私。事实上，区块链系统的透明性，以及每一笔交易的公共溯源性，都可能损害而不是保护个人隐私。随着区块链技术开始用于记录重要信息或许可证信息，仅仅是这些信息的存在就会暴露个人隐私，而这与信息本身的内容一样敏感。

区块链系统不可删除的特征也进一步加剧了隐私泄露的风险。一旦数据被存储到区块链上，就难以被单方修改或删除，这导致隐私问题进一步恶化。特别是公有链，任何人都可以访问记录在区块链上的信息，即使是区块链使用基于假名的公共地址来存储信息，仍无法消除被重新识别的风险。只要区块链上的数据足够多，人们总是可以通过复杂的数据挖掘及大数据技术，将特定交易与特定身份关联起来。

3. 内容监管风险

在分布式存储的场景下，数据并不是存储在中心化的数据库中，而是存储在系统的每一个节点上。区块链这一分布式的特性使得链上数据难以被篡改，区块链可能成为传播危害公共安全、涉及恐怖主义和不良信息的载体。从更广泛的角度来说，区块链技术还削弱了政府机构（或者服务提供商）对网络中部分内容的管控力度，无论是色情图片还是诽谤言论，一旦发布，就无法删除。

对联盟链及私有链来说，其一般会设置一定的准入机制和中心化管理机制，也会有类似管理员的角色对其交易数据的存储进行干预，一般具有较为明确的控制主体和数据处理主体。但对于公有链来说，网络中的节点完全是平等的，节点对于信息的管理能力也是极为有限的，存在数据保护责任主体不明的问题。且对于公有区块链来说，由于任何人都可以在其数据库中写入数据，其信息内容的监管也成为问题。对此我国首先就区块链提供信息服务出台专门的管理规定。

随着监管的发展，我们有理由相信，任何利用公有链区块链技术进行与互联网内容传播有关的违法犯罪活动，在各国都会受到法律的追究。

4. 永久存储与“删除权”的冲突

“删除权”的核心目的在于：任何公民可以在其个人数据不再需要或被

侵权时提出删除要求。在立法层面，删除权零散见于一些法律法规之中。例如：

2012 年发布的《全国人大常务委员会关于加强网络信息保护的决定》第 8 条指出：公民发现泄露个人身份、散布个人隐私等侵害其合法权益的网络信息，或者受到商业性电子信息侵扰的，有权要求网络服务提供者删除有关信息或者采取其他必要措施予以制止。

2017 年 6 月发布的《网络安全法》第 43 条规定：个人发现网络运营者违反法律、行政法规的规定或者双方的约定收集、使用其个人信息的，有权要求网络运营者删除其个人信息；发现网络运营者收集、存储的其个人信息有错误的，有权要求网络运营者予以更正。网络运营者应当采取措施予以删除或者更正。

2017 年 10 月发布的《民法总则》新增个人信息权，其中第 111 条规定：自然人的个人信息受法律保护。任何组织和个人需要获取他人个人信息的，应当依法取得并确保信息安全，不得非法收集、使用、加工、传输他人个人信息，不得非法买卖、提供或者公开他人个人信息。

由于区块链分布式的网络架构和特殊的账本结构，使区块链具有数据无法被删除或改写的技术特性，而这种特性也正是区块链作为“信任”载体的基础，这也在一定程度上与“删除权”产生了冲突。

（四）虚拟货币的金融风险

以比特币和以太坊为代表的绝大多数虚拟货币是基于区块链的底层技术开发的，它们同时也具备相应的匿名性、去中心化等特性。虚拟货币从出现到兴起的发展历程中，逐渐异化出洗钱、非法集资、传销、金融诈骗等诸多负面特征。由于各国在监管政策与法律方面的滞后，虚拟货币给各国经济，尤其是金融领域带来了巨大的风险与挑战。

2019 年 11 月 22 日，中国人民银行上海总部官网发出题目为“加大监管

防控力度　打击虚拟货币交易”的文章，文章中清晰地指出了虚拟货币带来的风险，即“虚拟货币发行融资与交易存在多重风险，包括虚假资产风险、经营失败风险、投资炒作风险等”。相关的融资主体违规发售、流通代币的行为，本质上也属于未经批准的非法公开融资行为。下面将具体分析一下虚拟货币有哪些金融风险。

1. 虚拟货币影响金融体系的稳定

虚拟货币理论上可能会对传统货币金融体系造成冲击，首先虚拟货币的价值缺乏政府的信誉担保，这导致虚拟货币的价格幅度波动剧烈，如果以虚拟货币来作为交易媒介，虚拟货币不仅影响中央银行的宏观调控能力，还可能影响到政府的财政收入。由于虚拟货币去中心化的特性，且虚拟货币本身的交易转账不受任何监管控制，可能导致国内资金外流，从而对整体金融系统的稳定性造成负面冲击。

2. 虚拟货币的匿名性滋生金融犯罪行为

虚拟货币的去中心化、去身份化、无疆域化、交易便捷等众多特性也为网络洗钱等金融类犯罪埋下了隐患。国际反洗钱金融行动特别工作组 FTAF 早在 2014 年 6 月就已发布报告指出虚拟货币为恐怖活动融资、洗钱犯罪提供了绝佳的渠道，犯罪集团利用虚拟货币转移其分散在不同管辖区的资金，并很容易躲避政府执法机构及其他有关部门的监管[①]。虚拟货币犯罪呈现成本低、追踪难、跨国界的特点，所涉及的犯罪风险也多种多样，易引发洗钱类犯罪、诈骗犯罪、逃税犯罪、逃汇犯罪、贿赂犯罪等多种违法犯罪风险。

3. ICO 导致非法融资及欺诈

ICO（首次代币发行）模式的局限性在于信息的不对称性以及投资者对项目方缺乏有效的约束性。不对称性体现在众筹融资大多是“白皮书”融

---

① 陈纯柱、李昭霖：《虚拟货币犯罪风险的防范与应对》，《重庆社会科学》2019 年第 10 期。

资，创业者掌握所有信息，而投资者掌握信息量较少，真假难辨；投资者对项目方缺乏约束性，完全依赖项目方的自我约束。ICO 作为一种“先融资、再创业”的典型，圈钱跑路等行为时有发生，给投资者，特别是普通投资人造成了巨大的损失。可以说，如果比特币等虚拟货币及 ICO 在中国流行，将给国内金融市场带来巨大的风险。

二、区块链监管实践

目前来看，区块链监管的实践仍在早期阶段，当前世界各国对区块链的监管思路也各不相同。从 2017 年底开始，各主要国家对虚拟货币都走向了分类监管及全面监管的道路，监管的对象和监管路径越来越清晰。在监管力度上，每一个国家或地区具有自身实践的特点。纵观世界各国对于虚拟货币的监管，可分为如下三个层次：

第一，对于虚拟货币的定义，对其内在性质的法律判断。这一点在监管中常常被提及和讨论的是“比特币是货币、商品还是证券?”

第二，对于虚拟货币交易环节的监管。由于虚拟货币天生带有匿名性，对于实名制和反洗钱的监管则是另外一个重点。

第三，对于 ICO 的监管。ICO 全球监管趋严，各国开始密切关注这一新生事物。在我国监管部门明示对 ICO 的严监管态度之后，美国、新加坡、马来西亚等国也相继发布风险提示。

（一）国外监管实践

1. 美国监管政策

美国政府一直以来对虚拟货币交易平台都有较强的监管态度。美国证券交易委员会（SEC）多次发布声明，要求交易符合证券定义的虚拟货币交易平台必须在 SEC 注册，成为国家性质的证券交易平台或取得豁免权。

2018 年 3 月 7 日，美国证券交易委员会开始监管使用 SAFT 协议的 ICO，向 80 家虚拟货币公司发出传票。而 SAFT（未来代币简单协议，Simple Agreement for Future Tokens）也在 SEC 的“射程”范围以内。2018 年 3 月 11 日，美国证券交易委员会（SEC）宣布虚拟货币交易所必须进行注册。

2018 年 3 月 12 日，美国证券交易委员会（SEC）最新发布《关于可能违法的数字资产交易平台的声明》，确认数字资产属于证券范畴，因此交易所必须在 SEC 注册或获取牌照，同时也公布了已经注册的合法证券交易平台供投资者参考，其中，Bittrex 和 GDAX 均未上榜。

2018 年 6 月，美国众议院通过了被称为“打击非法网络和侦查贩运行为”的 H. R. 6069 号法案，以防止非法使用加密货币，包括比特币、dash、zcash 和 monero。这项法案是在特勤局要求国会帮助停止这些活动之后通过的。

2019 年 6 月，Facebook 宣布计划推出一款全球加密货币，此事迅速引起全球监管部门关注，以及华盛顿方面的怀疑。2019 年 7 月 16 日，美国众议院举行了针对 Facebook 的 Libra 项目的首场监管听证会，听证会期间，美国监管机构表达了对 Libra 项目在涉及金融稳定、用户隐私保护方面的担忧。

2. 日本监管政策

日本作为全球最大的比特币交易市场，日本政府对虚拟货币的态度可谓非常积极。从 2017 年开始，日本就免除了虚拟货币交易的消费税，承认虚拟货币的合法性和货币属性，并实施新修订的《资金结算法》，加大力度支持与推进虚拟货币。

2017 年 4 月 1 日出台的《支付服务法案》认定了比特币作为支付手段的合法地位，并规定了数字资产交易所的注册登记制度。同时还规定了比特币企业内部商业计划提交规则、分离基金管理制度，外部审计制度，定期汇报制度以及反洗钱制度等。

另外，日本 16 个加密货币交易所组成的日本虚拟货币交易所协会也在

2018 年 4 月正式成立，这也进一步推进了市场的自主监管，为发展健康的市场做出贡献，同时也关注用户并重建了客户对虚拟货币市场的信任度。

2018 年 5 月 7 日，日本金融厅（FSA）对国内加密货币交易所采取进一步监管。新的监管要求交易所处于可疑波动而每日多次监控客户账户，将客户资产与交易所资产区分管理。

3. 韩国监管政策

韩国是虚拟货币发展的核心地区之一，韩国对于虚拟货币的监管更多的处于摇摆阶段。根据韩国法律，ICO 目前是非法的，但韩国并未实施具体规则，也没有强制公司进行 ICO 清退。国内投资者仍然能够参与国外 ICO，同样能在虚拟货币交易所进行交易。随着韩国虚拟货币市场快速发展，韩国政府正在逐步强化对虚拟货币交易平台的监管。韩国政府于 2018 年 4 月公布了虚拟货币交易所监管框架，设定了基本资质和运营要求，目前已在实名认证及背景检查等方面进行严格控制。

4. 俄罗斯监管政策

俄罗斯政府在很早就全面禁止了比特币等数字资产的交易，2017 年底，俄罗斯央行再次发表声明，重申现阶段不会批准任何正规交易所进行数字资产交易。

2018 年 1 月 25 日，俄罗斯财政部首次提出《数字金融资产》法案。明确了俄罗斯官方对虚拟货币的相关定义，包括代币、智能合约、加密货币交易所以及挖矿等术语，制定了 ICO 的规则。

2018 年 3 月 20 日，俄罗斯总统普京制定的有关虚拟货币和 ICO 监管的联邦法案提交，涉及数字金融资产和筹集资金的代替手段。该法案将加密货币和代币定义为数字金融资产，而非法定货币，规定其不能用于支付俄罗斯的商品和服务，只允许通过已被授权的加密货币交换运营商进行交易。

5. 英国监管政策

英国政府目前对虚拟货币交易平台持开放态度，在英国，加密货币一般不受监管干扰，英国境内设立的币币交易所暂时不需要接受监管。英国税务海关总署称："加密货币具有独特的身份，因此不能直接与任何其他形式的投资活动或支付机制进行比较。"但是如果交易涉及法币或者衍生品工具，则需要满足国家的反洗钱法律规定。

2018 年 6 月，英国金融行为监管局（FCA）警告处理加密虚拟货币业务可能面临的风险，并敦促银行，如遇涉及被 FCA 视为"加密资产"的活动，就要加大对客户活动的审查力度，采取一些降低金融犯罪风险的举措，比如开展对关键个人的尽职调查，保证现有金融犯罪框架充分反映加密货币相关活动。

6. 新加坡监管政策

新加坡是整个亚洲对数字资产非常友好的国家之一，新加坡将虚拟货币分为 Security Token 和 Utility Token，若涉及资本市场产品则需要获得相应的牌照、批准，如果仅提供币币交易，则不需获取相关牌照。新加坡金管局（MAS）目前表示只对证券类通证进行监管，交易所在新加坡目前处于灰色地带。

2018 年 6 月 5 日，履行央行职能的新加坡金融管理局（MAS）表示，ICO 就性质来说不属于证券范畴，但如果代币具有证券性，例如有的发行公司向投资者承诺虚拟货币可取得回报，它就应该被归类到证券范围内，视为投资产品，就必须遵守《证券期货法》，接受 MAS 的监管，并像所有的上市公司计划一样，提供公开招股书，披露公司细节和业务状况。

7. 德国监管政策

德国是世界上首个承认比特币合法地位的国家。2013 年 8 月，德国宣布承认比特币的合法地位，并将其纳入国家监管体系，比特币可以当作私人货币和货币单位，个人使用比特币的一年内免税，但是将比特币用于商业用途的则要进行征税。

2016 年 3 月，德国的金融监管机构 BaFin 公开了一份题为“分布式账本：虚拟货币背后的技术——区块链为例”的内部报告，对分布式分类账本在跨境支付中的使用、银行之间转账和交易数据的储存等领域的潜在应用进行了探讨。

（二）国内监管实践

我国的区块链监管实践主要集中在对区块链信息服务的管理和对于虚拟货币的金融监管两个方面。

在信息服务管理方面，2018 年 10 月 19 日，中央网信办首次发布《区块链信息服务管理规定（征求意见稿）》，并向社会公开征集意见。2019 年 1 月 10 日，《区块链信息服务管理规定》正式发布，并于同年 2 月 15 日起施行。

《区块链信息服务管理规定》明确，该规定所称区块链信息服务，是指基于区块链技术或者系统，通过互联网站、应用程序等形式，向社会公众提供的信息服务。该规定所称区块链信息服务提供者，是指向社会公众提供区块链信息服务的主体或者节点，以及为区块链信息服务的主体提供技术支持的机构或者组织。

《区块链信息服务管理规定》对区块链信息服务提供者的主体责任进行了明确规定，主要包括以下六点：一是落实信息内容安全管理责任；二是具备与其服务相适应的技术条件；三是制定并公开管理规则和平台公约；四是落实真实身份信息认证制度；五是不得利用区块链信息服务从事法律、行政法规禁止的活动或者制作、复制、发布、传播法律、行政法规禁止的信息内容；六是对违反法律、行政法规和服务协议的区块链信息服务使用者，应当依法依约采取处置措施。

《区块链信息服务管理规定》要求，区块链信息服务提供者应当在提供服务之日起十个工作日内通过国家互联网信息办公室区块链信息服务备案管理系统填报备案信息。变更服务项目、平台网址等事项或者终止服务的，应当办理变更或注销手续；服务提供者开发上线新产品、新应用、新功能的，应当按照有关规定报国家和省、自治区、直辖市互联网信息办公室进行安全评估。

在虚拟货币的监管方面，所有虚拟货币交易及交易平台均被视为非法，且监管力度不断加码。监管政策从叫停 ICO 到打击以各种名义发行的虚拟货币，在规范和促进区块链行业健康发展的同时，也肃清了危害行业发展的各类违法项目。下面重点列举了从 2013 年到 2019 年间相关部门的部分重要监管举措。

2013 年底中国人民银行会同其他部门发布了《关于防范比特币风险的通知》（银发〔2013〕289 号），明确了比特币是一种特定的虚拟商品，不具有与货币等同的法律地位，不能且不应作为货币在市场上流通使用。并限制金融机构和第三方支付机构对比特币定价、买卖比特币，要求强化对比特币的登记管理。

2017 年 9 月 4 日，中国人民银行、中央网信办、工业和信息化部、工商总局、银监会、证监会和保监会七部门联合发布联合发布《关于防范代币发行融资风险的公告》，正式定性 ICO 是非法集资，并明确禁止任何代币发行融资活动，国内虚拟货币交易所被勒令关停。我国对于虚拟货币的态度始终保持克制和理性，政策调控较为严格。央行曾多次发布公告，提醒投资者虚拟货币的风险。

2018 年 4 月，禁止央行监管的实体为任何个人和企业实体处理和提供虚拟货币的服务和结算。要求已经提供这类服务的，必须在一定期限内终止，不允许虚拟货币进入该国支付系统。

2019 年 11 月 14 日，中国人民银行上海总部互金整治办和上海市金融稳定联席办联合发布《关于开展虚拟货币交易场所摸排整治的通知》，对开展虚拟货币交易场所进行摸排整治。主要摸排对象包括三个方面：一是在境内组织虚拟货币交易；二是以为“区块链应用场景落地”等为由，发行“××币”“××链”等形式的虚拟货币，募集资金或比特币、以太币等虚拟货币；三是为注册在境外的ICO项目、虚拟货币交易平台等提供宣传、引流、代理买卖等服务。通知明确一旦发现有上述虚拟货币相关活动的互联网企业，立即报送市金融稳定联系办和人民银行上海总部，并督促企业立即整改退出。

后　记

习近平总书记在主持中共中央政治局第十八次集体学习时强调，区块链技术的集成应用在新的技术革新和产业变革中起着重要作用。我们要把区块链作为核心技术自主创新的重要突破口，明确主攻方向，加大投入力度，着力攻克一批关键核心技术，加快推动区块链技术和产业创新发展。这一重要讲话引起了全社会对区块链技术广泛关注。为帮助党员领导干部深入浅出地了解区块链的发展历程、应用情况以及发展前景，更好地应用区块链技术服务实体经济的发展，中国信息通信研究院云计算与大数据研究所（以下简称中国信通院云大所）的区块链团队倾力打造了本书，希望通过专业的视角和通俗易懂的语言将深奥晦涩的理论知识更形象地呈现给广大党员干部读者。

《读懂区块链》一书由中国信通院云大所何宝宏所长担任主编，中共中央党校（国家行政学院）卓翔博士担任执行主编。中国信通院云大所副所长魏凯为本书做了大量的工作指导，本书由和涛、刘虹男、庞伟伟、张启和张奕卉执笔，窦佳丽进行了统稿审阅。

感谢中国工程院院士陈纯和中国科学院院士郑志明的联名推荐。

期待本书能够在区块链技术快速发展和服务实体经济中发挥积极的作用。